Je parle aux chevaux...
ils me répondent

Collection
L'ÉQUITATION AUTREMENT

Dominique BARBIER, *Nouvelle image de l'équitation.*

Henry BLAKE

Je parle aux chevaux... ils me répondent

Traduit par
Jeanne WITTA-MONTROBERT
et Catherine TORRALBA

ZULMA

Couverture :
photographie de Gabrielle Boiselle

AVANT-PROPOS

Ce livre est le fruit de quarante ans de travail auprès des chevaux, dont vingt années consacrées à étudier leur façon de communiquer entre eux et avec les hommes. Ma femme Leslie et ma sœur Paddy ont toutes deux pris largement part à cette recherche. C'est pourquoi, dans le texte, j'emploie souvent la première personne du pluriel.

Ma motivation était simple : je voulais peaufiner ma compréhension des chevaux afin d'obtenir de meilleurs résultats en course et en compétition. Je me rendis compte très vite, et ce de manière croissante, qu'y parvenir passait nécessairement par la joie de vivre des chevaux. Ce n'est que vers la fin de nos recherches que nous avons envisagé que notre travail pourrait intéresser d'autres personnes. Ce livre a été écrit en souhaitant qu'elles pourront, le moment venu, tirer profit de ce que nous avons étudié.

H. N. Blake

I

LES CHEVAUX
QUI M'ONT BEAUCOUP APPRIS

Peut-être ne suis-je pas tout à fait sain d'esprit mais les chevaux ont été toute ma vie. Pour moi, ils sont une drogue plus puissante que le L.S.D., plus dangereuse que l'héroïne. Mes amis me disent que ma manie a déjà entraîné en moi une détérioration du cerveau. Et, contrairement aux autres stupéfiants, les chevaux sont une drogue contre laquelle il n'existe aucun remède connu : pour moi, la vie sans les chevaux ne serait qu'une mort vivante.

Mes premiers souvenirs sont davantage liés aux chevaux qu'aux hommes, et les chevaux, plus que les lieux ou les gens, constituent les jalons de mon existence. Je suis un véritable centaure, mi-homme, mi-cheval.

La première chose dont je me souviens, c'est d'avoir été assis sur un cheval devant mon grand-oncle Hervey Blake ; je ne devais pas avoir beaucoup plus d'un an. Et je me rappelle que, peu de temps après, mon père acheta un hongre pur-sang noir dénommé Masterpiece*, un cheval extrêmement difficile qui avait

* Chef-d'œuvre.

l'habitude de ruer et d'attaquer avec ses antérieurs quiconque entrait dans son écurie. Je marchais depuis peu, lorsqu'une panique générale s'empara de la maisonnée parce que j'avais disparu. Au bout d'un temps assez long, ma mère, mon père, ma nurse et les valets de ferme, tous occupés à me chercher, me trouvèrent dans l'écurie en train de jouer tranquillement sous la mangeoire de Masterpiece. Lorsqu'ils voulurent me faire sortir, Masterpiece fit des pieds et des dents pour interdire le passage. Pour me faire passer la porte, il fallut me tenter avec un bonbon, après quoi l'écurie de Masterpiece devint mon refuge favori. Je pouvais y jouer sans être dérangé, sous la protection du cheval. Je marchais entre ses jambes et ses pieds et m'amusais beaucoup, comme tous les jeunes enfants, à me salir dans le fumier de la litière. Plus tard, étant un enfant plutôt insupportable, je découvris rapidement que, lorsque j'avais fait des bêtises, je pouvais échapper à la punition aussi longtemps que je le voulais, tandis que ma nurse et mes parents fulminaient à la porte de l'écurie. Je refusais de sortir jusqu'à ce qu'ils m'aient promis de ne pas me fesser. Cette expérience m'apprit à un âge très précoce que les chevaux étaient mes amis et mes protecteurs.

À l'automne de 1933, mes parents se rendirent à la foire de Bridgwater et achetèrent pour deux livres une petite ponette Dartmoor noire. Tout naturellement, elle reçut le nom de Black Beauty* et devint le guide, le maître et l'amie de la famille tout entière. Très indépendante, Black Beauty réussissait à dénouer toutes les cordes et à ouvrir toutes les portes. Un jour où nous

* Beauté Noire.

voulions la coincer dans un angle de la cour, elle se sauva par la porte de derrière de l'office, dans la cuisine, passa dans le hall et, de là, sortit par la grande porte. Et lorsque nous étions malades, on l'amenait en haut de l'escalier jusqu'à nos chambres où elle nous tenait compagnie, en récompense de notre bonne conduite. Très stricte en matière de discipline, elle punissait à sa manière les mauvais cavaliers : elle les déposait fermement sur le sol, et attendait ensuite qu'ils remontent en selle ; très tôt dans la vie, elle m'enseigna qu'un cheval use de représailles dès qu'on enfreint son code de conduite.

Quand le temps vint pour moi d'aller à l'école, le moyen évident de m'y faire aller et de m'en faire revenir était de me monter sur un poney et lorsque, un an ou deux plus tard, ma jeune sœur se joignit à moi, elle prit l'habitude de monter derrière moi. Nous montions toujours à cru car mon père avait la conviction que c'était le seul moyen d'acquérir une bonne assiette. Nous apprîmes le trot, le galop et même le saut, avant de disposer d'une selle qu'on ne nous permit d'utiliser qu'à l'âge de sept ans. Il en fut ainsi pendant les cinq ou six années qui suivirent, jusqu'à ce qu'on me mît au pensionnat. Tous les jours, je me rendais à cheval à l'école. De temps à autre, lorsque nous avions beaucoup de chance, nous descendions le matin pour nous apercevoir que les poneys avaient pris la clef des champs et, si le temps était beau, c'était un jour « d'école buissonnière » passé à chercher les poneys, en prenant bien soin de ne pas les retrouver.

Le cheval qui joua ensuite un rôle significatif dans mon éducation fut une jument New Forest alezane, croisée de pur-sang, élevée comme poney de polo.

Chester était très difficile à l'écurie. Comme elle avait la peau très fine, elle était très chatouilleuse, elle donnait des coups de pied et poussait des cris aigus si on lui touchait les jambes ou si l'on essayait de la panser. Mais c'est le premier cheval avec lequel je réussis à établir une compréhension et une sympathie réelle et je découvris, au bout d'un certain temps, que je pouvais prévoir ce qu'elle allait faire et, qu'en revanche, elle pouvait refléter mon humeur. Il en résulta que c'était un poney de gymkhana fantastique et, pendant deux ans, j'obtins des suppléments d'argent de poche avec les prix qu'elle remporta.

Alors que j'avais encore Chester, arriva un autre cheval qui m'apprit également beaucoup. Un jour, l'équarrisseur local, Bert Newman, qui, depuis des années vendait à mon père des chevaux qu'il jugeait trop beaux pour les tuer, lui téléphona pour lui dire qu'il avait une jument baie de quatre ans toisant 1,65 m, aux trois-quarts pur-sang, et qu'il l'offrait pour un très bon prix à mon père, soit dix livres. Mon père répondit qu'il avait déjà trop de chevaux et qu'il n'en voulait pas d'autres. Bert lui dit alors qu'il la lui laisserait contre un billet de cinq livres. Et s'entendit répondre : « Non, merci.» À la fin, Bert déclara qu'étant donné leurs longs rapports amicaux, il faisait cadeau de cette jument à mon père et allait la lui envoyer tout de suite.

J'avais treize ans à l'époque et allais encore à cheval à l'école. Quand je rentrai à la maison ce soir-là, la jument avait été déchargée du van dans une cour couverte avec quelques génisses et je m'arrangeai, après quelques discussions, pour convaincre mon père de me laisser la monter pour aller à l'école le lendemain.

Le lendemain donc, je me rendis dans la cour pour

la prendre et l'emmener à l'écurie. Mais au lieu de manger le seau d'avoine que je lui présentais, elle m'attaqua avec les dents et les antérieurs. Je la frappai sur le nez avec un licol et lui dis de ne pas faire l'idiote. Je lui passai le licol, la sellai, la bridai, l'enfourchai, et nous partîmes pour l'école.

Vers 9 h 05, Bert téléphona. Il avait passé une mauvaise nuit, en proie au remords, disait-il : il ne fallait pas que mon père essayât d'approcher la jument car elle était dangereuse. Lorsqu'on lui apprit que j'étais déjà parti à l'école avec elle, il révéla toute l'histoire. Fearless* avait tué son propriétaire précédent, un fermier du Devonshire, et Bert avait été payé pour l'enlever ; il avait l'intention de tirer dessus à sa descente du camion mais malheureusement un officiel de la Société protectrice des animaux était arrivé et avait insisté pour qu'elle fût abattue en sa présence avec un pistolet d'abattage, et, comme c'était évidemment impossible, Bert avait pensé à mon père.

J'allai à l'école monté sur Fearless pendant les deux semaines qui suivirent et, en dehors du fait qu'elle avait tendance à me lacérer avec les dents et à m'attaquer avec les antérieurs, je n'eus aucune difficulté avec elle. Nous la gardâmes jusqu'à sa mort et elle nous paya mille fois de retour, car elle me sauva à deux reprises d'un danger grave et une autre fois elle sauva la vie à mon père.

Mon père rentrait à la maison en voiture avec elle lorsque le jeune cheval avec lequel elle était attelée s'emballa au passage d'un convoi de l'armée américaine. Fearless dirigea la charrette et l'autre cheval, elle

* Intrépide.

leur fit traverser le convoi sans encombre et éviter les voitures qui arrivaient de l'autre côté, elle parvint même à stopper son compagnon. Elle y réussit en obliquant et en tirant à elle le jeune cheval lorsqu'elle voulait aller à gauche et, lorsqu'elle voulait se diriger vers la droite, en tournant la tête et en mordant le jeune cheval qui cherchait à s'écarter de ce côté pour lui échapper. Mon père ne pouvait pas se servir des guides, car le jeune cheval était paniqué et complètement incontrôlable, mais Fearless se chargea de le faire et réussit même à l'arrêter au bout de deux kilomètres.

Fearless conserva toujours un caractère difficile mais il n'y avait pas de cheval qui lui fût comparable. Mon premier contact avec elle m'avait enseigné une chose dont je me suis toujours souvenu : c'est qu'avec les chevaux, si vous n'avez pas peur, si vous avez confiance en vous, vous parviendrez à maîtriser n'importe quelle situation.

Fearless avait tant de cœur à l'ouvrage que nous n'avions jamais pris la décision de la faire pouliner mais, finalement, à l'âge de onze ans, la frustration l'emporta et, une nuit, elle alla dans le pré voisin où nous avions quelques yearlings et des chevaux de deux ans. Il y avait parmi eux, un pur-sang de deux ans, entier mais encore immature qui toisait tout au plus 1,45 m. Fearless, quant à elle, dépassait les 1,65 m et mon père jura ses grands dieux qu'elle avait dû aller dans la cour emprunter un escabeau ; toujours est-il qu'elle se débrouilla dans la nuit pour persuader le jeune Corsican (c'était le nom du cheval de deux ans) de la saillir et, onze mois plus tard, emplie de fierté et de bonheur, elle mit au monde un fils et célébra cet événement en m'enlevant un morceau de chair lorsque je descendis pour la féliciter. Le seul nom qui convînt à ce nouveau-né était celui de Folly*. Il devint la propriété de ma sœur Olive et, pendant les cinq années qui suivirent, il grandit et se développa. À l'âge de trois ans, il fut dressé et après l'avoir débourré, je lui appris à faire le saut-de-mouton sur commande. Je lui faisais faire le saut-de-mouton en ligne droite, un saut très grand et puissant, où il était cependant extrêmement facile de garder son assiette ; si bien qu'à l'âge de dix-huit ans, c'était ma démonstration de prédilection lorsque je voulais parader auprès de mes petites amies. Mon père le montait pour jouer au polo et ma sœur pour aller à la chasse.

Finalement, avant de partir en Nouvelle-Guinée comme infirmière missionnaire, Olive décida de satisfaire une ambition ancienne et de courir une course au clocher. Comme elle pesait 79 kg et mesurait plus de 1,80 m, c'était une entreprise folle. Mais quand Olive s'est mis dans la tête de faire quelque chose, il est inutile de discuter ; elle inscrivit donc Folly pour l'épreuve des dames à la course au clocher de Axe Vale. Pendant toute la saison, deux chevaux avaient dominé les épreuves dans le Sud-Ouest de l'Angleterre : Ching Ling et Shepherd's Pie. Ils étaient à ce point imbattables que tout le monde renonçait à courir contre eux et, quand nous arrivâmes à Axe Vale, ce fut pour découvrir que personne d'autre n'était engagé dans la course. Il n'y avait là que Ching Ling, Shepherd's Pie et Folly.

Olive m'emprunta ma culotte de cheval, ma casaque avec mes couleurs de course et mes bottes, et

* Folie.

prit un petit déjeuner copieux. Je ne pouvais lui donner d'autre consigne, même si elle se rompait le cou, que de me rapporter mes couleurs au paddock... Pour le reste il n'y avait qu'à attendre le désastre. Elle exigea aussi de courir avec une selle de chasse, parce qu'elle n'était jamais montée à cheval avec autre chose.

Olive et Folly avaient manifestement décidé qu'il s'agissait d'une épreuve de première catégorie, sans plus, car, pendant deux kilomètres et demi, ils coururent au train. Ce n'est qu'à cinq cents mètres du but qu'Olive décida qu'il était temps de faire quelque chose pour gagner la course et, comme Ching Ling et Shepherd's Pie étaient alors à une haie et demie devant elle, je me dis qu'elle démarrait un peu tard ! Mais Folly se lança et ce n'est que parce qu'il rendait quinze kilos aux deux meilleurs chevaux du Sud-Ouest de l'Angleterre qu'il fut battu de cinq longueurs. Qu'aurait-il fait s'il avait attaqué un peu plus tôt, je n'en sais vraiment rien. Je suis sûr que le public, où pas une âme n'avait parié sur Olive, l'aurait mise en pièces si elle avait gagné ; il valait donc probablement mieux qu'elle prît son temps. Mais ils étaient enchantés tous les deux et cette petite histoire montre bien ce qu'un bon cheval peut faire pour son maître quand il s'y applique vraiment.

L'année suivante, Folly fut vendue à des amis et allait très fréquemment à la chasse lorsque nous quittâmes le pays.

Peu après notre expérience avec Fearless, mon père se rendit compte qu'il était sur la bonne voie en s'occupant de chevaux intraitables. Il passa toute une série d'annonces dans *Horse and Hound (*Cheval et Chien) : « Achète et dresse chevaux vicieux et fous. »

Pendant cinq ou dix ans, des chevaux intraitables et

rétifs arrivèrent aux gares de Martok et de Crewkerne, distantes d'environ huit kilomètres de notre maison. Comme cela se passait pendant la guerre et que la main-d'œuvre était rare, c'est moi qu'on envoyait les chercher et on me donnait toujours des instructions strictes pour les ramener à la maison. Mais j'étais aussi paresseux que désobéissant, et ne voyais pourquoi j'aurais dû marcher à pied, alors que j'avais un cheval que je pouvais monter. Aussi, à l'exception du premier et du dernier kilomètre, je les montais en licol. Je m'amusais bien, dans mon for intérieur, lorsque, le lendemain, mon père s'employait à passer par toutes les étapes du débourrage avant de décréter que je pouvais le monter sans danger. Je me rendis compte que si je montais facilement ces chevaux intraitables, je ne le devais pas à mes capacités, mais au fait qu'après avoir été ballottés, heurtés, cognés dans le train pendant dix ou douze heures d'affilée, ils ne pouvaient que se montrer aimables avec qui les sauvait de leur détresse et les traitait amicalement. Après les avoir caressés et leur avoir parlé pendant dix minutes, j'étais leur ami pour la vie et je pouvais en faire ce que je voulais. C'étaient tous des chevaux d'une grande intelligence et de fort caractère et ils m'apprirent beaucoup, principalement que l'amitié et la douceur, alliées à la fermeté, peuvent guérir n'importe quel vice.

J'avais environ quatorze ans lorsqu'arriva un cheval qui n'avait pas beaucoup de cervelle ni de caractère. Mais ce qu'il m'enseigna fut fondamental et détermina mon comportement à l'égard des équidés. C'était un pur-sang appelé The Toff* et nous l'avions acquis parce

---

* Aristo.

qu'il était absolument impossible de l'attraper. Alors que nous l'avions chez nous depuis une semaine, je décidai qu'il était temps de lui apprendre à se laisser attraper. Il broutait seul dans un pré de deux arpents. Je débutai sitôt après le petit déjeuner et, pendant neuf heures, je suivis The Toff autour du pré dans un sens et dans l'autre et, quand je marchais, The Toff marchait, refusant toujours de se laisser capturer. Au bout de la première demi-heure, cela l'ennuyait tant qu'il ne s'éloignait que quand je m'approchais de lui ; mais il ne s'en éloignait pas moins, il m'échappait. Cela dura neuf heures. Finalement, il céda. Il me laissa l'attraper et lui passer un licol. Mais j'avais assez de bon sens pour savoir que la première chose à faire était de le caresser... et la seconde de le relâcher. Ensuite, pendant une heure et demie, je le suivis d'un bout à l'autre du pré, encore et encore. Puis, je l'attrapai pour la seconde fois, le caressai et le relâchai. Pendant vingt minutes encore, je suivis The Toff, l'attrapai une troisième fois, le caressai et le relâchai une fois de plus. Je continuai ainsi jusqu'à ce que je puisse l'attraper et le relâcher à volonté et, au bout de quatorze heures, je rentrai prendre mon thé. Il m'avait appris que lorsqu'on commence quelque chose avec un cheval, il faut le terminer, quoiqu'il arrive. Persévérer jusqu'à obtenir ce que l'on a décidé ; il faut pour cela une patience illimitée, ne jamais se mettre en colère, et, quand le cheval a fait ce qu'on attendait de lui, le caresser ; et recommencer, recommencer jusqu'à ce qu'il le fasse sans résistance. Je ne sais ce qu'il est advenu de The Toff car il a complètement disparu de ma mémoire, mais je lui serai toujours immensément reconnaissant de m'avoir enseigné les principes de base dans mon comportement envers les animaux.

Comme nous étions en temps de guerre, mon père, pour se donner bonne conscience, employait tous ses chevaux à des travaux agricoles. Il pouvait ainsi les conserver et avoir le sentiment de le faire pour le bien de la nation. Nous avions alors un magnifique hongre pur-sang, appelé Caravan ; il s'habitua à travailler sous le harnais et à tirer une des charrettes de la ferme, mais il ne le faisait pas de bon cœur et s'emballait de temps en temps, à la consternation de tous, parce qu'il pouvait vraiment traîner une carriole. Je me souviens de l'avoir fait sortir de la cour un jour, au moment où un maçon finissait de réparer un pilier du portail et le mur que ce cheval avait démolis en s'emballant, à peine quinze jours auparavant. Je le conduisis pendant un kilomètre sur la route et descendis de voiture pour aller ouvrir la porte du pré. Caravan en profita pour faire demi-tour et remonter la côte à toute allure en direction de la maison. Arrivé à la cour, où le maçon qui venait de terminer la réfection du mur reculait pour admirer son œuvre, Caravan tourna et mit à mal le nouveau mur ; il s'exprimait clairement.

Caravan était un cheval merveilleux qui avait autant de courage que de volonté. Pendant l'hiver, il n'était bien portant qu'un matin par semaine et c'était le jour où je l'emmenais à la chasse. Si j'allais chasser le lundi matin, Caravan était bien portant. Il boitait au retour de la chasse et continuait de boiter jusqu'au jour de chasse suivant où il était de nouveau en forme. Je commençai à me demander comment il pouvait savoir, avant de m'avoir vu, que c'était un matin de chasse.

De tous les chevaux fous et vicieux que nous avons eus, aucun n'était vicieux en réalité et pas un n'était fou. Tous avaient une intelligence bien au-dessus de la moyenne et, de plus, beaucoup de caractère. C'étaient des chevaux incompris. Des chevaux maltraités. Ou gâtés par trop de gentillesse. Les mauvais étaient des chevaux de fort caractère qui avaient appartenu à des gens faibles, et un ou deux d'entre eux à des gens brutaux. L'un d'eux, en particulier, m'est présent à la mémoire, un cheval appelé Breakspear*, réputé pour être terriblement rétif. Mon père et moi allâmes le voir à la ferme d'Arthur Brake et mon père l'acheta sur-le-champ. Il décida de le monter pour rentrer à la maison. J'avais quinze ans à l'époque et, m'étant cassé la jambe en jouant au rugby, j'étais plâtré de la cuisse à la cheville. Mon père fit courir le cheval avant de le monter. Il se déplaçait bien, se comportait très bien, faisait tout à la perfection. Je me souviens d'avoir entendu mon père dire alors que, ou bien c'était un cheval très vicieux, ou il n'avait absolument rien d'anormal. Il mit le pied à l'étrier et se mit en selle. Breakspear entreprit de ruer et de se cabrer, fit sauter mon père en l'air en effectuant une série de cabrioles jusqu'à ce qu'il tombe et heurte le sol très durement. Mon père remonta et se fit de nouveau vider. Au bout de trois fois, il parvint à rester en selle. Puis la question se posa de ramener l'auto à la maison ; alors plein de confiance juvénile, je déclarai que je conduirais la voiture derrière mon père. Je l'avais déjà conduite une ou deux fois autour de la ferme, je montai donc dans la voiture et me mis à avancer par à-coups, en bondissant et en faisant caler le moteur avant même d'être sorti de la cour de la ferme d'Arthur Brake. Entre-temps, mon père avait déjà parcouru un kilomètre et m'attendait. Il avait décidé

---

* Brise-lance.

qu'ayant encore deux autres fils à la maison, il pouvait, au besoin, risquer de me perdre, mais qu'en temps de guerre, une auto était irremplaçable. Aussi me fit-il descendre de la voiture et Breakspear, qui l'avait jeté bas cinq fois déjà pendant ce premier kilomètre, demeura d'une tranquillité absolue tandis que je le montais, un jambe immobilisée dans le plâtre, et me ramena à la maison sans encombre. Il savait que je ne pourrais rien faire s'il se cabrait, aussi me porta-t-il en toute sécurité et avec précaution tout le long du chemin jusqu'à la maison. Cet incident montre la bonté que, même le cheval le plus rétif, a pour un cavalier confié à ses soins.

Le cheval qui lui succéda manifestait une tendance tout autre. C'était une jument rouanne de 1,64 m que nous avions reçue du défunt Arthur Palmer. Elle était magnifique mais douée d'une fâcheuse manie : dès qu'on la montait, elle se précipitait sur le premier arbre venu et tentait de coincer son cavalier contre le tronc ou de le désarçonner en le faisant passer sous des branches basses. Elle essaya son tour avec moi une fois et me fit tomber. La seconde fois, elle alla droit vers un grand orme et, à la dernière seconde, voyant que je n'avais aucune chance de la faire dévier, je lui tournai durement la tête de l'autre côté, si bien qu'elle fonça la tête la première dans l'arbre. Je fus éjecté et elle tomba sur le sol raide comme si elle avait reçu un coup de fusil. Je crus l'avoir tuée. Elle ne bougea pas pendant près de cinq minutes. Lorsqu'elle réussit finalement en trébuchant à se remettre debout tant bien que mal, elle était moins fofolle et plus raisonnable. Je remontai en selle et fis avec elle un tour dans les environs et jamais elle n'essaya de me rejouer ce tour-là. L'histoire montre qu'une réaction instantanée, une punition immédiate, guérit un cheval de la plupart des vices. Lorsqu'elle m'eut désarçonné pour la première fois, je ne l'accablai pas d'injures, je remontai simplement en selle ; mais la seconde fois, c'est elle qui se jeta dans l'arbre et se mit knock-out. Lorsqu'elle revint à elle, j'étais debout auprès d'elle et lui parlais tranquillement, doucement et, au bout d'un mois ou deux, elle ne songea plus à s'attaquer au genre humain et se mit à comprendre que nous étions ses amis.

Au début de 1946, mon père alla aux courses de Taunton. Le steeple-chase avait repris tout de suite après la guerre, et au paddock de la course des six miles, il y avait un hongre gris acier appelé Lucky Bargain*. Mon père s'était intéressé à lui parce qu'après avoir vidé son jockey trois fois, il l'envoya finalement de l'autre côté de la barrière, et le mit ainsi hors course. Mon père l'acheta pour 25 livres à son propriétaire quelque peu découragé. Lucky Bargain, j'en jurerais, était capable de compter. À quelque moment que vous le montiez, il vous désarçonnait trois fois. Après quoi il admettait très volontiers de se laisser chevaucher toute la journée. C'était un très bon cheval. Mais il m'apprit à résister au saut-de-mouton. Il se tortillait, tournait et sautait en ligne droite, puis s'arrêtait et cabriolait sur place. Il était presque impossible de tenir en selle. Mais en même temps, c'était un cheval extrêmement bon et gentil car, après vous avoir éjecté, il attendait toujours que vous remontiez. À la chasse ou dans une course, il se donnait à fond. Il était très généreux.

---

* Bonne Affaire.

Ayant eu une occasion, mon père le vendit en avertissant l'acheteur qu'il faisait des sauts-de-mouton et il partit à l'entraînement. Au bout de quelques mois, l'entraîneur en eut assez, mon père le lui racheta au marché d'Exeter et nous le gardâmes jusqu'à sa mort.

Pendant les cinq années qui suivirent, j'eus de nombreux chevaux et appris de plus en plus, grâce à eux, car ce n'est qu'en observant et en essayant de comprendre un grand nombre de chevaux que l'on apprend à connaître le type de comportement propre à chaque race, ainsi que ce qui est applicable aux chevaux en général plutôt qu'aux cas particuliers.

Nous avions par exemple un cheval que les courses avaient complètement écœuré. C'était un grand alezan appelé Tomahawk II; il était d'origine française et avait gagné de nombreuses courses de haies et des steeple-chases sur deux miles. Mais il avait acquis une profonde aversion pour les courses et refusait de partir. Il courait à reculons. Il pouvait aller ainsi à la vitesse d'un cheval au trot et son entraîneur et propriétaire, absolument dégoûté, l'avait vendu à George, le fils de Bert Newman qui me le céda pour quinze livres.

Je le montai pendant un certain temps et, un jour où ma femme descendit avec lui à Banscombe, un village tout en longueur qui s'étend sur un ou deux kilomètres, il parcourut toute la rue à reculons. Nous finîmes par le guérir de sa manie, simplement à force de patience, sans l'obliger à aller de l'avant à ces moments-là. Nous restions en selle jusqu'à ce qu'il se décidât de lui-même à se porter en avant et, à partir de ce moment-là, il avançait très régulièrement et de bon cœur. Au bout de trois mois, nous avions réussi à le corriger. C'est le type de cheval qui fait que la vie vaut la peine d'être vécue ; il était arrivé chez nous triste et en piteux état, détestant les hommes en général, mais lorsque nous le cédâmes dix-huit mois plus tard, il était heureux, bon et disposé à regarder chacun comme son ami.

J'ai toujours été obligé de vendre mes chevaux lorsqu'ils marchaient droit, simplement parce que je n'ai jamais eu les moyens de les garder. Mes chevaux devaient s'entretenir eux-mêmes et m'aider à m'entretenir. Mais une autre raison m'a amené à laisser les chevaux entrer et sortir. J'ai toujours eu le sentiment que, puisque j'étais doué pour les chevaux difficiles, ce don devait être utilisé. Si je l'avais concentré sur un cheval et un seul, beaucoup d'autres chevaux que j'ai eus dans ma vie n'auraient jamais été réadaptés et auraient sans doute fini dans des boîtes d'aliments pour chiens et chats.

Un incident qui se situe à cette période m'est présent à la mémoire. Je demeurais près de Lyme Regis ; à l'époque, je dirigeais un élevage de porcs et nous avions cinq chevaux de trois ans non débourrés. Un jour, les chiens allaient à un rendez-vous de chasse, mais je décidai de ne pas y aller parce que mon cheval était descendu au village. Je travaillais à la ferme lorsque les chiens découvrirent la piste du renard ; je pris donc le trois ans le plus proche, lui mis la bride et, bien que jamais monté auparavant, il alla tranquillement pour moi et je chassai ainsi pendant une demi-heure jusqu'à ce que les chiens fussent revenus à la ferme, et je le remis au pré. À peine l'avais-je relâché, que les chiens levèrent un autre renard et, comme le cheval que je venais de monter était un peu fatigué, je pris, sur les cinq, le cheval suivant et continuai ainsi le reste de la journée jusqu'à ce que j'eusse chassé avec tous les cinq. Ils se tinrent tous tranquilles, excepté le cinquième qui lança des ruades pendant environ cinq minutes et ce fut tout ; cela m'apprit une chose très significative : la difficulté de monter un cheval pour la première fois ne tient pas au cheval, elle est dans l'esprit du cavalier qui le monte. C'est une barrière mentale.

En février 1954, je me mariai et en mars 1955 naquit ma fille. Prétextant que tout travail mérite salaire, ma femme me demanda de lui acheter un cheval ; je me rendis donc au marché d'Exeter au début du mois d'avril. Je ne vis rien qui m'intéressait. Je bavardais avec Arthur Brake, à qui j'avais acheté Breakspear dix ans auparavant, lorsque, soudain, j'entendis un brouhaha et je vis un cheval de trois ans qui se cabrait et ruait. Il était tenu par deux personnes au bout d'une longue corde et la foule autour du ring se dispersait comme des confettis. Le défi était trop tentant pour moi. Je l'achetai à la première enchère pour 27 livres. Ma femme chassa avec lui pendant près de vingt ans. Nous l'appelions Cork Beg d'après son pays d'origine et ce fut le cheval qui nous apporta le plus d'enseignements sur la communication animale.

Je n'en dirai pas plus à son sujet car il réapparaîtra dans les pages de ce livre en maintes occasions. Mais notre relation débuta d'une manière intéressante. J'eus de grandes difficultés pour le faire monter dans le camion qui devait l'amener chez moi et je dus employer un couloir à bétail. Arrivé à la maison, je le déchargeai dans le corral pour l'attraper et remarquai qu'il avait peur qu'on lui touche la tête et qu'il avait un tempérament très vif. Aussi, environ deux mois après,

après l'avoir monté, je décidai de lui apprendre à accepter qu'on lui touche les oreilles. Je l'emmenai dans le corral et l'enfourchai, puis je lui passai la main en haut de l'encolure. Il rejeta la tête en arrière. Je remis la main en haut de son encolure et il recommença. Je continuai de la sorte pendant environ dix minutes et finalement, d'humeur instable, il se déchaîna et partit à toute allure sur la route. Voyant qu'il n'avait pas réussi à me troubler ni à me désarçonner, il se jeta de côté, sauta une clôture de fil de fer barbelé, et se prit dans le câble du dessus. Nous nous écrasâmes tous les deux au sol. Je n'ai jamais perdu de temps pour tirer profit d'une occasion en or : je m'assis sur sa tête, l'empêchant ainsi de se relever et pendant la demi-heure qui suivit, je promenai mes mains sur sa tête et son encolure. Cela ne le guérit pas, mais il ne fut plus aussi sensible de la tête – quoique, pendant des années, il fît mine de se pétrifier dès que quelqu'un touchait à ses oreilles.

Pendant les quatre ou cinq premières années que nous l'avions, il était difficile de le ferrer ou de le parer. Quand on le ferrait, le maréchal-ferrant, moi-même ou quiconque se trouvant là, allions atterrir dans la cour sur le tas de fumier. Le temps passant, il s'améliora, mais, toute sa vie, il refusa de se laisser ferrer si je n'étais pas là, quoique dans les dix dernières années, je n'avais qu'à m'asseoir à proximité et à bavarder avec le maréchal-ferrant pour qu'il se laissât faire.

Il avait beaucoup de caractère. Ma femme s'en occupait elle-même et ne m'appelait à la rescousse que lorsqu'il était en rage. Lorsqu'il me voyait arriver à cette occasion il se préparait pour la bagarre et nous nous battions et y prenions plaisir tous les deux. Cela finissait généralement parce que ma femme perdait patience et vitupérait mais tout cela était la faute du cheval. Il mourut finalement à l'âge de vingt-deux ans.

Neuf mois avant sa mort, il fut l'auteur d'un événement probablement unique dans l'histoire équestre. Il était sorti avec sa petite amie habituelle – ce vieux cheval devait toujours avoir une petite amie auprès de lui – dans un champ marécageux ; elle entreprit de traverser une mare et lui, oublieux de son âge, décida de la suivre et s'enlisa. Quand nous le trouvâmes, il était à moitié enfoui dans la vase, seuls émergeaient son dos, sa tête et ses oreilles. Après une heure et demie de durs efforts, ma femme et moi nous parvînmes à le faire rouler jusqu'à un îlot de terrain sec qui se trouvait au centre de la mare. Ce n'était pas un jour faste : habituellement lorsque quelque chose va de travers, il y a mille personnes à votre porte, prêtes à vous donner un coup de main, mais ce jour-là, nous ne vîmes passer personne pendant près de deux heures ; nous étions confrontés au problème de faire traverser à ce vieux cheval cinquante mètres de marais. J'allai à la maison prendre trois feuilles de contreplaqué de 1,55 m sur 1,35 m dont je fis une plate-forme sur le marais. Le pauvre vieux marchait sur trois pieds mais il s'arrangea pour sauter de l'île sur la première plaque, puis sur la seconde, enfin sur la troisième, devant laquelle, entre-temps, j'avais remis la première et ainsi de suite. Lentement et régulièrement, l'animal suivit ma femme, d'une feuille de contreplaqué à l'autre. Lorsqu'il était tout à fait sûr qu'elle était solide et bien assurée, il y sautait. Ainsi, nous le ramenâmes à la maison. Mais, le temps d'y arriver, une articulation, au postérieur avait enflé. Je pense qu'il avait dû se claquer un tendon, aussi l'avons-nous laissé aller clopin-clopant et, dans les deux mois qui suivirent, trois ou quatre fois par jour, il poussait un cri perçant pour nous faire savoir qu'il était allongé et ne parvenait pas à se remettre debout et qu'il fallait que ma femme et moi allions le secourir. Elle lui prenait la tête, il levait les antérieurs. J'allais sous ses fesses et le soulevais jusqu'à ce qu'il puisse tirer de dessous son postérieur valide et se lever. Il ne parut jamais s'inquiéter. Il déambulait clopin-clopant, l'air heureux avec sa copine et, au bout de cinq semaines, il put à nouveau poser un tout petit peu le pied sur le sol. En septembre, environ six mois plus tard, il se resservait de sa jambe, bien que son articulation fût encore un peu raide. Lorsqu'il mourut, le 17 octobre, je fis faire l'autopsie de la jambe et on trouva qu'il avait eu une rupture de ligament qui s'était guérie d'elle-même.

L'année d'après l'achat de Cork Beg, je retournai au marché, cherchant un cheval pour moi, et, tout à coup, d'un parc à bestiaux au fond du marché, j'eus l'impression de recevoir un message : « Pour l'amour de Dieu, tire-moi de là. » Et me voilà attiré, comme par un aimant, vers un cheval de 1,64 m, un pur-sang d'un brun sale, maigre comme un cent de clous. Lors de l'adjudication, je l'achetai pour 40 livres. Ce cheval s'appelait Weeping Roger* et c'est lui qui m'amena à étudier sérieusement la manière dont les chevaux communiquent entre eux et la façon dont l'homme communique avec les chevaux. Il s'avéra, dès le début, que Roger et moi avions une affinité l'un pour l'autre, et c'est en m'occupant de lui et en le faisant travailler que je me rendis compte, pour la première fois, du pouvoir

* Roger-qui-pleure.

que l'homme peut avoir sur le cheval, s'il applique réellement son esprit à le diriger et à le soigner. Cela m'amena à réfléchir sur la communication entre l'homme et le cheval dans son ensemble et à mesurer à quel point elle reposait sur le contrôle *mental*. Si c'était vrai, cela voulait dire que les méthodes traditionnelles d'entraînement étaient inutiles et inefficaces.

Je décidai de vérifier mes théories. À peu près à la même époque, mon père avait acheté un cheval hongre pur-sang de quatre ans, qui avait été utilisé comme étalon pendant deux ans, puis castré ; je lui demandai donc de me laisser essayer sur lui une nouvelle méthode de débourrage.

Je m'occupai à fond de ce cheval pendant une semaine, le traitant par la douceur et le faisant travailler. Je le montai le second jour et pendant une heure, matin et après-midi, pendant les cinq jours qui suivirent. C'était un cheval absolument pas débourré, cependant, le septième jour, nous l'emmenâmes avec nous à Taunton où mon père et moi jouions tous les deux au polo. Je fus en mesure de jouer avec lui dans un lent chukka et il se comporta extrêmement bien. Le mercredi suivant, c'est-à-dire dix jours après l'avoir pris en main, je jouais à nouveau, cette fois dans un chukka rapide, et il ne posa pas un pied de travers. Il finit par devenir un poney de polo de tout premier ordre, et qui adorait le jeu.

Normalement, il faut au moins deux ans d'entraînement pour faire un poney de polo ; et pourtant, en me servant du contrôle mental pour obtenir du cheval ce que je voulais qu'il fît, j'avais en dix jours accompli le travail de deux ans.

J'exultais ; il me semblait être arrivé au bord d'une

véritable découverte dont j'étais pleinement déterminé à saisir la signification. Qu'était donc exactement ce contrôle mental que j'avais exercé sur le cheval hongre de mon père ? Quelle était l'affinité que j'éprouvais pour Weeping Roger ? J'allais passer les années suivantes à essayer de résoudre ces mystères.

Entre-temps, je devais avoir une preuve supplémentaire de l'extraordinaire sympathie qui peut exister entre l'être humain et le cheval. Elle me fut apportée par un poney que j'achetai pour ma fille Paddy. Lorsque Paddy eut trois ans, je retournai au marché d'Exeter et achetai un poney de trois ans, croisé de Dartmoor et de Shetland, toisant tout au plus un mètre au garrot. Il était bien sûr trop petit pour que je puisse le débourrer, je fis donc appel à la fille d'un voisin. Darwi – c'était le nom du cheval – et Doreen s'entendirent dès le premier jour comme larrons en foire, et il s'établit une telle affinité entre eux que Darwi, qui pouvait s'évader de n'importe quel champ lorsqu'il se sentait seul ou s'ennuyait la nuit, parcourait de lui-même les quatre kilomètres qui le séparaient de Doreen et cognait à sa fenêtre jusqu'à ce qu'elle vînt lui parler. Doreen n'y voyait pas d'inconvénient mais ses parents protestaient énergiquement.

Darwi convint parfaitement bien à Paddy pendant deux ans puis nous le cédâmes à un ami qui voulait un petit poney pour sa fille. Et nous n'entendîmes plus parler de lui pendant huit ans. Nous allâmes au Pays de Galles et Doreen partit travailler je ne sais où. Or, sept ou huit ans plus tard, mon père était à un gymkhana quand une voix bien distincte l'interpella. C'était Doreen. Mon père s'entretenait avec elle depuis moins de cinq minutes lorsque les hennissements d'un poney qui dressait la tête à l'autre bout du champ attirèrent leur attention. Soudain, ils virent le poney bondir sans qu'on puisse le retenir, avec un tout petit enfant sur le dos. L'enfant et le poney firent le tour du ring, se précipitant droit vers l'endroit où se tenaient Doreen et mon père, et s'arrêtèrent pile en dérapant. Mon père récupéra l'enfant, et le poney se mit à faire fête à Doreen. Huit ans après, il avait reconnu sa voix, de l'autre extrémité du champ où il se trouvait. Je ne crois pas que Doreen ait monté Darwi plus de trois ou quatre mois. Mais le lien entre eux subsistait, même après huit années.

Ces expériences me firent redoubler d'enthousiasme pour le travail que nous avions entrepris sur la communication animale et m'encouragèrent à essayer de découvrir le sens des signes, des bruits et signaux divers dont nous voyons les chevaux se servir entre eux pour se communiquer leurs intentions et leurs désirs.

II

LES CHEVAUX DANS L'HISTOIRE LE LIEN PRIVILÉGIÉ DE L'HOMME AVEC LE CHEVAL

Les règles de la communication fondamentale avec les chevaux sont très simples et n'ont rien d'extraordinaire. Le cheval peut facilement être éduqué à communiquer avec l'homme et à comprendre ce que l'homme veut lui dire. Si vous montez un cheval et résistez sur les rênes, il s'arrêtera sans difficulté, il est entraîné à s'arrêter lorsqu'il sent la pression du mors. Quand on le touche avec les talons, il avance. On peut le diriger vers la droite ou vers la gauche. Vous pouvez très vite apprendre à votre cheval tout ce qu'il est physiquement capable de faire. Tout ceci est du domaine de la communication parce que l'homme communique avec sa monture par un langage que tous deux comprennent, un langage de signes que l'homme a enseigné au cheval.

Mais le cheval communique aussi avec ses congénères et c'est précisément cela que je me suis attaché à comprendre. Au cours des vingt dernières années, je me suis efforcé de capter la langue dont les chevaux se servent, non seulement pour se comprendre les uns les autres, mais aussi pour communiquer avec l'homme.

Car j'avais la conviction qu'il existait entre l'homme et le cheval un niveau de communication plus subtil que la simple pression des rênes et des talons. Mais j'ai en tout cas compris qu'avant toutes choses, il me fallait assimiler ce que l'homme savait déjà sur ce sujet.

J'avais entre douze et quatorze ans lorsque je commençai à me demander pourquoi l'homme montait sur des chevaux et non sur du bétail, des moutons ou des porcs et je fis diverses expériences. J'essayai de monter les génisses et les cochons de la ferme et, après avoir été déposé sur le sol un grand nombre de fois, j'en conclus que, s'il était aussi difficile de les monter, c'est qu'ils refusaient tout bonnement de coopérer et de travailler *avec* vous comme le font les chevaux. Cependant, cette conclusion elle-même pose un problème : *pourquoi* les chevaux se laissent-ils monter et pas les autres animaux ? Il était évident que le cheval était plus intelligent que la vache ou le cochon. De toute évidence, il était plus fort. Pourtant les bœufs sont beaucoup plus dociles que les chevaux, ils tirent plus facilement, ce sont des animaux plus tranquilles, moins instables et qui se laissent conduire sans problème. Et cependant, on ne peut pas les monter. Ce n'est pas l'instinct de préservation qui amène la vache à jeter son cavalier à terre puisque, pour la saillie, elle se laisse couvrir par le mâle comme la jument. Je devais donc admettre l'existence d'un rapport privilégié, d'une relation spécifique entre l'homme et le cheval, relation qui ne s'établit avec aucun autre animal, si ce n'est peut-être avec le chien. Pourquoi, je ne le savais pas à l'époque mais je devais le découvrir plus tard par la lecture et par ma propre expérience.

Mes lectures me firent ainsi découvrir que les chevaux figuraient dans les dessins des cavernes de l'homme préhistorique qui les utilisa tout d'abord en tant que gibier et, plus tard, comme monture à la chasse et au combat. Des images de chevaux sont gravées sur les tombes des pharaons, certains figurent dans les mythes de la Grèce. Les sculpteurs grecs ont gravé des chevaux sur leurs magnifiques frises. C'est Xénophon, le célèbre général grec, qui a dit : « On apprend aux chevaux non par la dureté mais par la gentillesse. »

C'est grâce à son excellente cavalerie qu'Alexandre le Grand fut en mesure de conquérir une grande partie du monde alors connu, et c'est probablement lui qui, le premier, découvrit l'intérêt du croisement de l'arabe au sang chaud, avec le cheval d'Europe au sang froid ; Son intimité avec sa propre monture est démontrée par le fait que son cheval Bucéphale est l'un des premiers dont l'histoire cite le nom.

Le grand mythe du Centaure, cet être mi-homme mi-cheval, était probablement fondé sur des récits de voyageurs concernant la tribu mongole des Hsiung-nu, les futurs Huns qui, sous Attila, devaient faire tomber l'empire romain. Les Hsiung-nu, nomades maîtres des plaines du Centre et de l'Est de l'Europe, étaient à la fois bergers et guerriers. Ils gardaient leurs troupeaux sur les océans d'herbe qui vont de la plaine hongroise à la Mandchourie et à la grande muraille de Chine. Toujours en quête de nourriture, ils se réfugiaient l'hiver à l'abri des montagnes et gagnaient au printemps le nord et l'est pour trouver de l'herbe fraîche. Ils firent la guerre à tous, même à des tribus de leur race, et à tout le monde civilisé nordique. On disait d'eux qu'ils étaient nés à cheval et qu'ils savaient chevaucher avant même de pouvoir marcher. Ils se servaient de leurs chevaux en toutes circonstances ; ils n'auraient pas plus songé à faire à pied deux ou trois pas qu'ils n'auraient rêvé de voler dans les airs et c'est sans aucun doute ce qui a donné naissance à la légende des Centaures.

Vers la fin du IIe siècle av. J.-C., les Hsiung-nu régnaient sur une grande partie du monde. Ils inspiraient une terreur telle à l'empereur de Chine, Wu-ti, qu'il constitua une formidable armée de cavaliers et, aux environs de 142 av. J.-C., le brillant général chinois Hoc'u-Ping entreprit de disperser l'armée des Hsiung-nu ; mais la cavalerie chinoise elle-même eut le dessous. Aussi l'empereur Wu-ti envoya-t-il une armée de trois cent mille hommes à plus de 4 800 km dans l'Ouest de l'Afghanistan pour y capturer une race supérieure de chevaux. L'armée tout entière mourut en chemin. Ne reculant devant rien, Wu-ti envoya une seconde armée qui, après avoir parcouru les 4 800 km qui la séparaient de l'Afghanistan, et autant pour le retour, eut cette fois assez de survivants pour ramener trente reproducteurs. C'était probablement une lignée de chevaux arabes dont on a dit qu'ils pouvaient couvrir plus de 400 km par jour et suaient le sang. Ils descendaient presque certainement de chevaux arabes amenés en Orient par les troupes d'Alexandre le Grand.

Si Jules César réussit à instaurer la loi romaine sur une grande partie de l'Europe il le doit sans doute à ses brillantes qualités de général de cavalerie. On disait encore de lui et de son cheval qu'ils étaient inséparables. L'empereur Caligula, lui, tenait son cheval Incitatus en si haute estime que, si l'on en croit la chronique, il l'avait fait sénateur, prétendant qu'il était plus avisé et plus fidèle que n'importe quel autre membre du Sénat. L'empire romain survécut cinq cents ans jusqu'à ce que la puissante armée d'Alaric qui, grâce à la supériorité de sa cavalerie, avait déjà conquis le monde nordique, finît par mettre Rome à sac en 410 apr. J.-C.

Par la suite, ces mêmes tribus mongoles à cheval reparurent dans les hordes de Gengis Khan dont on pensait qu'elles avaient été conçues, étaient nées, s'unissaient et finalement mouraient sur leurs chevaux. Une fois même, les troupes de Gengis Khan s'emparèrent d'une ville en escaladant à cheval une falaise que les défenseurs jugeaient inaccessible.

Au cœur de tous ces faits historiques, se trouve l'étrange relation entre l'homme et le cheval. Plus tard, les chevaliers normands dans leur armure et la fabuleuse cavalerie ottomane entreprirent à leur tour de conquérir ce que l'on connaissait du monde. À chaque fois, la clef de la victoire a été la compréhension du cheval et l'usage que l'on en faisait, car ces armées anciennes étaient constituées de cavaliers qui savaient communiquer avec leurs chevaux.

On raconte l'histoire d'un chef arabe nommé Jabal qui possédait le cheval le plus rapide du monde. Hassad Pacha, alors gouverneur de Damas, voulut acheter cette jument et fit à plusieurs reprises à Jabal les offres les plus généreuses, qu'il refusa fermement. Le pacha le menaça, sans plus de succès. À la fin, il persuada un Bédouin, appelé Gafar et appartenant à une autre tribu, de voler cette jument, lui offrant comme récompense de remplir d'or la musette de l'animal. Jabal eut vent de ce marché et, plus méfiant que jamais, il attacha sa jument, la nuit, avec une chaîne de fer dont une extrémité était attachée au boulet d'un postérieur et l'autre fixée au sol sous son lit. Mais, une nuit, Gafar se glissa sans bruit dans la tente et réussit à détacher la chaîne. Au moment de s'enfuir sur la jument, il saisit la lance de Jabal et, le piquant avec la pointe, il lui cria : « Je suis Gafar, j'ai volé ta noble jument et t'en avertis à temps. » Avertissement conforme aux coutumes du désert, où voler un membre d'une autre tribu était considéré comme un exploit, et Gafar voulait que son rapt fût glorieux. À ces mots, Jabal bondit hors de la tente et donna l'alarme. Il sauta sur la jument de son frère et, accompagné des hommes de sa tribu, poursuivit le voleur quatre heures durant. Cette jument était du même sang que celle de Jabal mais n'était pas tout à fait aussi rapide. Néanmoins, elle distança tous les autres poursuivants et était sur le point de rattraper le voleur lorsque Jabal lui cria : « Pince-lui l'oreille droite et touche-la du talon. » Ce que fit Gafar, et il s'éloigna sur la jument qui filait comme l'éclair, rendant ainsi toute poursuite vaine. Pincer l'oreille et toucher du talon étaient les signes secrets par lesquels Jabal faisait accélérer l'allure de sa monture. Les compagnons de Jabal furent surpris et indignés de cette étrange conduite : « Tu es bien le roi des imbéciles ! lui crièrent-ils, cela t'amuse-t-il donc de permettre au voleur de te dérober ? » Mais il leur répondit : « J'aime mieux la perdre que de ruiner sa réputation ; croyez-vous que j'aurais supporté d'entendre dire dans les tribus qu'une autre jument s'était montrée plus rapide que la mienne ? Il me reste au moins cette consolation : je peux dire qu'elle n'a jamais rencontré son égale. »

Cette charmante légende montre bien que, tant que la forme correcte de communication n'était pas utilisée, la jument ne savait que faire, mais dès que l'ordre correct était donné, elle se lançait et galopait comme le vent.

On compte aussi en Amérique d'innombrables histoires de chevaux, mais les seuls Indiens d'Amérique qui entreprirent d'étudier et de comprendre le cheval furent les Mohicans. Ils ne le brusquaient pas moralement en le montant et en le faisant courir jusqu'à ce qu'il cède. Ils passaient des journées à s'occuper de lui, à lui parler et à le nourrir et, petit à petit, tout doucement, montaient sur son dos. Ils le faisaient travailler pendant des heures avec une couverture sur le dos et, lorsque le cheval avait compris ce qu'ils désiraient, ils n'avaient aucune difficulté à le monter.

Au siècle dernier, certaines personnes, dans le monde entier, se sont fait une réputation de dresseurs de chevaux. En Amérique, Reary; en Australie, Galvin; en Irlande, Dan Sullivan, le Chuchoteur; en Angleterre, Palmer et, plus tard, le capitaine Hayes. Les histoires à leur sujet sont légion mais elles ont un point commun : la faculté du héros à contrôler et dominer un cheval, si difficile ou si sauvage soit-il. Leurs méthodes varient. Reary avait un système de cordes et lançait un cheval pour l'entraîner. Galvin utilisait certaines contractions des muscles de son corps, « contractions humaines », comme il les appelait. D'autres utilisaient certaines essences, dont il existe plusieurs recettes... Palmer, par exemple, prélevait de petits morceaux de châtaigne sur la jambe d'un cheval, les écrasait, et soufflait la poudre ainsi obtenue dans ses naseaux. L'essence de bois de rose était parfois utilisée, l'origan aussi, certains se servaient même de la sueur de leurs aisselles. Ces techniques ont en commun une vertu : elles donnent toutes à la personne qui les met en pratique une certaine dose de confiance dans la manipulation d'un cheval difficile.

Mais Sullivan le Chuchoteur fut probablement le plus grand de tous les dresseurs de chevaux de l'ancienne école, car il n'utilisait que sa propre habileté. Il abordait des chevaux qui étaient des tueurs, qui ruaient, ou qui étaient, pour l'une ou l'autre raison, indomptables et il s'enfermait avec eux. Au bout d'une heure environ, il ouvrait la porte et il sortait avec le cheval tenu en licol, parfaitement tranquille. Le Chuchoteur ne prit jamais d'élève et n'enseigna jamais son art, même à ses propres fils. Il était si jaloux de son don que même le prêtre de sa paroisse à Ballyclough ne put lui tirer son secret en confession. Les fils de Sullivan se vantaient de ce que le révérend avait rencontré le Chuchoteur sur la route du côté de Mallow et l'avait traité de suppôt du démon. Le Chuchoteur fit s'emballer le cheval de l'ecclésiastique jusqu'à ce que le saint homme eût promis, en désespoir de cause, de laisser à tout jamais Sullivan tranquille avec son secret. Un seul des fils du Chuchoteur pratiqua son art, mais il n'avait pas de réelles connaissances sur la façon de l'appliquer, quant aux deux autres ils ne montrèrent aucune aptitude. Le Chuchoteur exerçait sur moi une grande fascination parce que je partageais avec lui cette faculté de venir à bout des chevaux difficiles et je me suis souvent demandé dans quelle mesure son don et le mien pouvaient être comparés. Mais je pense qu'il y avait une similitude entre sa façon de faire et le système que nous pratiquons nous-mêmes lorsque nous rendons un cheval docile. Je crois qu'il posait la main sur le cheval et simulait les mouvements d'une jument qui caresse son petit avec le bout de son nez, et dès que l'animal comprenait ces signes familiers, il se détendait et Sullivan devait lui parler avec sa voix d'Irlandais douce et chantante jusqu'à ce qu'il puisse poser ses deux mains sur le cheval, le tranquilliser et établir un lien de compréhension entre le cheval et lui.

L'Anglais Palmer employait des essences à dompter qu'il déposait dans sa main, ensuite il plaçait la main sous le nez du cheval et soufflait cette essence dans ses naseaux, et il devenait aussitôt docile. Barbara Woodhouse raconte qu'une pratique similaire est encore utilisée en Amérique du Sud, sans toutefois user d'essences ; elle a probablement été empruntée à notre pays vers le milieu du XIXe siècle et n'a rien de surprenant : lorsque deux chevaux se rencontrent, ils se soufflent mutuellement dans les naseaux, avec force ou douceur, selon leur humeur. Deux chevaux hostiles produisent une sorte de bruit de trompe avec leurs naseaux, tandis qu'une jument qui caresse son petit souffle si doucement qu'on l'entend à peine. Lorsque Palmer soufflait dans les naseaux des chevaux, c'était une façon de leur dire : « Je suis ton ami, je ne te ferai pas de mal. » Si vous voulez en faire autant, posez ensuite votre main sur le cheval de façon à avoir, par les doigts, un contact physique avec lui. Le cheval comprendra parce que, lorsque deux chevaux sont effrayés, ils se poussent l'un l'autre pour avoir un contact physique.

Ce principe est comparable à ce que pratiquaient les Mohicans. Ils recherchaient également un contact physique avec leurs chevaux, et une fois ce contact établi le cheval se mettait à comprendre, car il en connaissait déjà les signes.

On le voit, toutes ces méthodes ont une chose en commun : toutes utilisent les signes dont les chevaux se servent entre eux. Ainsi, au lieu d'user de gestes ou de sons qui leur sont étrangers, elles emploient ceux que le cheval connaît déjà.

Le capitaine Horace Hayes, quant à lui, avait parmi ses élèves le capitaine Ward Jackson, commandant de la compagnie où était mon père, aux Indes pendant la Première Guerre mondiale. Ward Jackson avait pris mon père pour élève et lui avait enseigné les méthodes de Hayes. À son tour, naturellement, mon père me les apprit, de sorte que je me sens des affinités très étroites avec Horace Hayes. Il existe une charmante histoire à son sujet. Lorsque Hayes se trouvait aux Indes, il alla dîner un soir dans un mess voisin. Le vin était bon et bien choisi, la compagnie d'excellente humeur et la conversation animée. Or, il advint que le colonel du régiment, qui possédait un cheval intraitable, le vendit à Hayes en fin de soirée et paria qu'il ne serait pas en mesure de parader avec lui à la revue du lendemain. Ils parièrent cinq cents roupies. Horace Hayes, désireux de gagner son pari, quitta la réunion et passa le restant de la nuit à travailler son cheval. Le lendemain matin, Hayes monta le cheval à la parade et le cheval se comporta parfaitement bien avec son nouveau maître. Le colonel, voyant qu'il allait perdre ses cinq cents roupies, ordonna aux troupes de tirer un *feu de joie* *, c'est-à-dire de décharger leurs fusils en tirant dans tous les sens. En entendant ces détonations, tous les autres

* En français dans le texte.

chevaux de bataille s'égaillèrent avec leurs cavaliers à perte de vue, sauf le cheval que montait Hayes. Il demeura imperturbable, calme et détendu. Dès que cet ordre avait été donné, Hayes avait sorti ses pieds des étriers, avait tiré sa pipe et l'avait allumée. Il était si détendu que son cheval ne tint aucun compte des coups de fusil que l'on tirait. Par contre, les autres officiers, craignant que leurs chevaux ne prissent le mors aux dents, les retinrent et, en tirant sur les rênes, ils ne firent que les effrayer davantage encore que ne l'avaient fait les coups de feu. Cette histoire illustre joliment le contrôle qu'un homme peut exercer sur un cheval, en le dominant à la fois physiquement et mentalement.

Ce contrôle et cette compréhension ne s'appliquent sans doute pas uniquement aux chevaux, et c'est probablement le grand art de la conduite du bétail que de connaître et comprendre les animaux que l'on conduit et de sentir lorsqu'ils sont en difficulté. Je me souviens d'un incident qui se passa lorsque j'avais à peu près douze ans. Par je ne sais quel miracle, j'étais arrivé un matin dans l'étable avant Les, le vacher. (Ce fut la seule fois de ma vie qu'il m'arriva d'être levé avant lui.) Je me rappelle qu'en entrant dans l'étable, avant même d'avoir passé la porte, il dit : « Qu'est-ce qui se passe avec Pride ? » Or il ne pouvait pas voir Pride mais, en allant à l'autre bout de l'étable, il constata que Pride était couchée avec une fièvre de lait. Il y avait entre Les et les vaches une affinité de la même espèce que celle qui me lie aux chevaux.

De même, un berger peut avoir une sympathie intuitive à l'égard de ses moutons. J'ai entendu un berger prétendre qu'à l'époque de l'agnelage, il se levait souvent au milieu de la nuit, sans savoir exactement pourquoi et allait voir ses brebis ; pour employer ses propres termes, « il s'est rarement déplacé pour rien ; il y avait toujours quelque accident qui requérait ses soins ».

La communication animale est devenue un problème d'intérêt croissant pour l'homme moderne, au cours des vingt dernières années. Les Russes ont été les premiers à entreprendre des recherches sérieuses, il y a un peu plus de vingt ans et, plus récemment, les Américains s'en sont préoccupé eux aussi. Les Russes cependant semblent avoir fait fausse route. Ils ont fondé leur travail sur des observations faites sur des chiens et des rats et la chose qui, à mon avis, les a fait prendre un mauvais chemin, vient du fait que le rat émet des signaux bien définis dont la signification est facile à discerner. Les savants ont été encouragés de ce fait à tenter de constituer des « modèles » qu'ils ont voulu appliquer aux signaux, sons, ou gestes émis par d'autres animaux. Par exemple, le rat a un signal défini de détresse et d'autres signaux d'alarme : ce sont des signaux vocaux conçus pour une transmission à très grande distance. Il a aussi un grincement ultrasonique qu'il émet lorsqu'il rencontre un autre rat, la fréquence de ce cri aigu indique sa place dans la hiérarchie sociale. Le chien aussi émet un certain nombre de sons qui ont une signification bien définie. Mais observer ces sons sans tenir compte des autres formes de communication conduit à une impasse. Ce n'est là qu'une partie du système de la communication animale.

Les Américains ont fait du très bon travail, bien qu'ils se soient eux aussi concentrés sur les sons. C'est ainsi que leurs études ont porté sur les dauphins dont la forme de communication principale est fondée sur le son : parce que l'essentiel de la communication entre les dauphins se fait lorsque les animaux ne peuvent s'apercevoir l'un l'autre, les dauphins semblent avoir élaboré un langage vocal, ce qui n'est pas le cas pour la plupart des autres espèces.

Cette erreur fondamentale des premiers chercheurs qui ont tenté de définir un modèle en partant des sons qu'émettaient les animaux est imputable au fait de vouloir comparer le comportement humain à celui des animaux. Puisque les gens de la même race emploient un langage défini, on en concluait que l'homme, pris dans son ensemble, se servait d'un langage défini, ce qui n'est pas le cas. L'espèce humaine emploie un certain nombre de langages. On supposait aussi que l'homme communiquait uniquement par les sons, ce qui est également faux. L'homme ne se sert pas seulement des sons pour transmettre un message, il utilise aussi les signes et l'expression du visage qui, en elle-même, est déjà un signe. L'erreur majeure, dans ces trois suppositions élémentaires, a eu pour résultat que seule une partie de chaque langage animal a été explorée – à savoir seulement les sons et les signes –, et il est évidemment impossible de comprendre un langage en n'en prenant en compte qu'une partie seulement.

Comme nous le montrerons plus tard, la façon de communiquer, chez l'homme, ne peut pas être directement assimilée aux formes de transmission utilisées par les animaux. Chaque espèce animale est différente. On ne peut conclure qu'il existe un parallélisme entre le mode de communication utilisé par une espèce et le mode de communication utilisé par une espèce complètement différente. Fort heureusement, dans notre pays, les rares recherches sur la communication ont été faites en liaison avec l'étude du comportement animal, c'est-à-dire qu'elles n'ont pas suivi la démarche entreprise par les Russes et les Américains. Le docteur Martha Kylie a fait des études sur le bétail, et Meek et Ewbank ont effectué un certain nombre de recherches à l'université de Liverpool. (Dans un même ordre d'idée, un très bon travail a été entrepris en Afrique sur les singes et les chimpanzés.) Cependant peu de ces recherches sur la communication animale ont pu déboucher sur une application pratique.

Les Américains, par ailleurs, se sont servis de leur science pour entraîner les dauphins à des fins militaires et incidemment à leur emploi dans des films. Le film *The Day of the Dolphin* est un exemple fascinant de la façon d'utiliser la recherche sur la communication animale. Les six dauphins de ce film ont été capturés par l'entraîneur Peter Moss au large de la côte de Floride. Il fut amené à constater qu'il y avait quelque chose de plus qu'une simple relation d'homme à animal entre George C. Scott, la vedette du film, Mike Nicolls, le metteur en scène, et les dauphins. Ce lien était si fort qu'un observateur qui regardait travailler les dauphins affirma qu'ils s'exprimaient, qu'ils jouaient réellement. Nicolls disait qu'il réagissait parfois à l'égard des dauphins comme envers des stars capricieuses. Certains jours il les aimait, à d'autres moments, il les haïssait. La vie des dauphins est toute faite de jeux ; or, leur jeu favori consistait à déplacer les projecteurs sous-marins utilisés pour la prise de vue... ce qui la rendait parfois impossible. Nicolls se mettait en colère contre eux lorsqu'ils refusaient de faire quelque chose qu'ils savaient faire, mais, deux minutes plus tard, ils venaient se frotter le ventre contre ses pieds et mordiller ses orteils comme pour dire, selon sa propre expression : « Allons, ne sois pas fâché ! » Un jour, Nicolls était assis au bord de la piscine et lisait le scénario de la scène du lendemain, tout en grattant légèrement de la main la langue du dauphin qui jouait le premier rôle du mâle. Ce dauphin avait été baptisé Buck et il était couché là, la tête sur le bord du bassin, la bouche grande ouverte. Puis Nicolls regarda Buck et comprit tout à coup qu'il était disposé à se laisser filmer. Aussitôt, le dauphin nagea sur le côté du bassin, passa sous le bras du garçon qui jouait la scène avec lui, se mit alors à plonger et à nager à travers une ouverture étroite, en tirant le garçon en remorque. Sa nage était si régulière qu'il amena l'acteur en place, pour dire sa réplique de deux lignes, juste au moment voulu. Au total, Buck et l'acteur répétèrent le mouvement dix fois, mais, à chaque fois, le soleil fit défaut. À la onzième tentative, Buck, qui n'avait pas fait une seule faute jusqu'alors, sortit de l'eau, commença à émettre une série de bruits qui s'amplifièrent comme un cri de triomphe au football, fit tout à coup demi-tour et partit : « C'est bien ce que je craignais, dit Moss. Il en a eu marre. »

Peter Moss n'eut pas de difficulté à apprendre aux dauphins à exécuter quelque chose de spécifique. Mais lorsque l'un des dauphins devait avoir une expression ennuyée, inquiète, cela présentait plus de difficulté. Finalement, ce fut Nicolls qui enseigna aux dauphins à paraître craintifs. Moss lui-même disait que, s'il décrivait la relation qui s'établit entre les dauphins et le metteur en scène, les gens le croiraient fou.

Il avait été décidé qu'à la fin du film, on rendrait leur liberté aux dauphins. Nicolls prétend qu'en fait les cinéastes n'eurent pas le choix : sitôt que les deux dauphins « principaux » eurent fini de tourner leur dernière scène, ils se décidèrent d'eux-mêmes, firent demi-tour et nagèrent vers l'océan. Ils prirent soin de leur propre sort, mais seulement lorsqu'ils surent que le film était terminé.

On rira peut-être de cette histoire, en se disant qu'elle est trop belle pour être vraie, mais pour quiconque a expérimenté les résultats étonnants que l'on obtient en communiquant avec les animaux dans le langage qu'ils comprennent, et en développant une véritable relation avec eux, elle porte la marque irréfutable de la vérité. Il y a des détails dans cette histoire qu'Hollywood n'aurait pu inventer : même à notre époque de licence, suggérer qu'un metteur en scène et un dauphin mâle puissent avoir ensemble des amitiés particulières, quel scandale !

Cette histoire me rappelle une aventure qui m'advint en 1970 lors du « show » du Royal Welsh. On avait demandé à la Société du Cob gallois d'organiser sur le ring principal un spectacle à l'issue duquel je devais faire une démonstration spéciale pour montrer la souplesse du Cob gallois. J'avais un petit cheval difficile, buté, appelé Trefais Comet. C'était aussi, indubitablement, un des chevaux les plus souples de sa lignée et je m'entendais parfaitement avec lui. Pour la démonstration, j'avais préparé un certain nombre d'exercices dont l'un était des appuyers avec demi-pirouette, ce qui suppose que, pour cela, le cheval se déplace en pas de côté, les hanches en dedans, à angle droit. Lorsque j'essayai de lui apprendre cette figure, je l'amenai devant une haie forestière de 1,20 m, lui fis remonter la haie en pas de côté puis la redescendre et la remonter à nouveau. J'étais très satisfait de moi, aussi décidai-je de le refaire. Je redescendis en pas de côté, c'est alors qu'il recula d'un demi-pas et sauta tout bonnement à pieds joints par-dessus la haie. Je décidai que je ne pouvais pas faire cela au Royal Welsh ! Mais, le premier jour, nous dûmes attendre avant la séance et j'étais en train de penser à cela lorsque Comet, tout à coup, sans que je lui demande quoi que ce soit, exécuta une pirouette à gauche, puis à droite et fit ainsi son entrée pour la démonstration. Le second jour, on m'avait demandé à l'avance ce que je comptais faire et je l'avais dit aux organisateurs. Comet alla directement sur le ring et fit exactement tout ce que j'avais annoncé avec, en plus, une chose que j'aurais cru impossible : il sauta en l'air en pivotant pour se retrouver pile dans la direction opposée. Après sa performance, il fut si ravi des applaudissements de la foule qu'il se mit à inventer des exercices pour se surpasser. Il était très rapide et excitable et l'une des choses que je savais ne pas pouvoir faire était de l'arrêter net, néanmoins il termina sa démonstration, sans que j'aie à intervenir, galopant droit en direction de la loge du président, s'arrêtant pile au dernier moment et se dressant sur les postérieurs. C'était ce que je voulais faire, et il le savait, aussi le fit-il de lui-même. Voici le genre de phénomène possible une fois établie une communication effective avec son cheval.

Les premiers jours de notre travail, qui débuta en 1955-1956, nous centrâmes notre recherche sur Weeping Roger et Cork Beg, nous intéressant essentiellement aux signes et aux sons utilisés par ces deux chevaux. Nous savions que la communication équine s'étendait au-delà, mais nous jugions qu'il valait mieux commencer par essayer de comprendre ce que disait le cheval et pourquoi, et comment il répondait aux signes et aux sons utilisés par un autre cheval. Cette connaissance servirait de base à notre travail futur. Mais nos observations nous amenèrent bien vite à nous rendre à l'évidence : les chevaux se servaient des mêmes signes et des mêmes sons pour transmettre un grand nombre de messages. Aussi nous en vînmes à conclure que les signes et les sons ne sont pas les seuls porteurs de signification mais qu'intervient également un facteur inconnu : « attitude » ou « sentiment ». C'est seulement une dizaine d'années plus tard que nous utilisâmes les termes « télépathie » et « perception extrasensorielle ».

La recherche sur la communication entre les animaux est relativement récente, mais la connaissance et la compréhension de la communication animale sont aussi vieilles que l'homme et, aujourd'hui les tribus primitives en savent beaucoup plus sur la communication animale que l'homme civilisé. Laurens Van der Post, dans ses voyages chez les Bochimans* découvrit que les sorciers pouvaient entrer en transe en regardant un dessin d'antilope sur le mur d'une caverne et dire où on pouvait trouver cet animal. En d'autres termes, les sorciers pouvaient entrer en communication mentale avec n'importe quelle antilope dans un rayon de vingt à trente kilomètres de sorte que les chasseurs de la tribu pouvaient aller la tuer pour se nourrir. Van der Post appelle cette faculté « empathie ». Mais, d'après nos propres travaux, nous savons qu'il s'agit de ce qu'on appelle « télépathie » : c'est-à-dire la faculté

* Peuple nomade du Sud-Ouest africain.

qu'ont les animaux de se transmettre l'un à l'autre des images mentales.

Ce qui a beaucoup gêné la recherche moderne sur la communication animale, c'est le fait que l'investigation a été limitée à un seul moyen de communication, généralement le son ; ce qui s'avère aussi stérile que d'essayer de comprendre l'anglais en n'apprenant que les verbes. Si nous voulons comprendre ce que les chevaux essaient de dire et nous faire facilement comprendre d'eux, nous devons utiliser et comprendre leur langage dans son intégralité, et pas seulement en partie. Nous devons ainsi apprendre à penser et à réagir comme réagit et pense le cheval et nous garder de la sentimentalité de l'anthropomorphisme : c'est-à-dire lutter contre la tendance à doter l'animal de caractéristiques humaines ; l'homme doit inverser le processus et, lorsqu'il dirige des chevaux, se mettre dans leur peau.

Alex Kerr, le dompteur de lions, à qui l'on demandait un jour s'il permettrait à sa fille de dompter et de dresser de gros félins, répondit « Non ! » On lui demanda pourquoi. « C'est très simple, dit-il. Pour réussir, elle doit penser comme un lion ou un tigre, et si elle pense et agit comme un lion ou un tigre, ces fauves la considéreront comme une des leurs ; cela signifie que lorsqu'elle aura ses périodes – ce qu'ont les humains exactement comme les animaux – le félin le saura. Et étant donné qu'un lion témoigne son affection en saisissant la femelle par la nuque, il en fera de même avec elle... et il lui rompra le cou. » C'est dans cette façon de considérer le comportement de l'animal que réside l'essence de notre travail sur la communication.

La première personne, de nos jours, qui ait revendiqué la faculté de communiquer avec les animaux est un Anglais, Archie Delany, qui se fit passer pendant longtemps pour un métis indien du nom de Grey Owl* et qui écrivit notamment deux ouvrages, *Histoires d'une cabane vide* et *Sasho et le monde des castors*. Il fut également le premier à plaider la cause de la conservation des espèces et ouvrit la première des réserves naturelles. Bien qu'il fût, sur certains points, un imposteur, c'était néanmoins un homme extraordinaire, avec une compréhension très poussée des animaux sauvages, tout particulièrement des castors, sur les habitudes et le comportement desquels il fit un travail hors pair. Les castors l'avaient à ce point accepté qu'ils avaient installé leur logis à l'intérieur même de sa cabane, au bord d'un lac. Il prétendait avoir établi un dictionnaire du langage des castors, mais je n'ai malheureusement pas réussi à obtenir un exemplaire de ce dictionnaire et, d'après ce qu'on m'en a dit, il semble n'avoir été que de peu d'utilité pour d'autres.

Parmi les nombreux visiteurs qu'il reçut, Mr. John Diefenbaker, qui devint par la suite Premier ministre du Canada, se rendit chez lui à la fin de 1935 ou au début de 1936. Lorsqu'il arriva là-bas avec un certain nombre de ses invités, Delany déclara qu'il lui fallait demander aux castors s'ils voulaient bien le recevoir. Il revint ensuite annoncer que les castors avaient accepté. C'était, de toute évidence, pure mise en scène, il reste que Delany fut un extraordinaire pionnier de l'étude de la communication animale. Et cela quelque vingt ans avant que quiconque ait jamais tenté

* Hibou Gris.

de communiquer avec les animaux. Or, on s'est très peu servi de son travail surtout, je le crains fort, à cause du préjugé invétéré contre toute recherche faite par quelqu'un qui vit ou travaille en dehors d'une université. Mais j'ai le sentiment que nous devons nous tourner vers des gens tels que Alex Kerr et Grey Owl si nous voulons élargir notre connaissance actuelle de la communication chez les animaux et de leur comportement.

Ce type d'étude est une démarche vraiment difficile. Car, pour comprendre le cheval, il faut devenir cheval, il faut penser et agir comme lui ; la recherche devient extrêmement ardue car il est difficile d'analyser, en même temps que l'on essaie de penser et de réagir comme le feraient les animaux : les animaux, eux, ne se livrent pas à l'analyse ! Mais notre propos n'est pas et n'a jamais été l'orthodoxie dans la recherche. La seule chose qui nous intéresse, c'est d'apprendre à mieux comprendre nos chevaux en espérant que d'autres récolteront ce que nous avons semé. Leur tâche consistera à reprendre notre travail, à l'analyser afin de promouvoir une recherche orthodoxe à partir des fondations que nous sommes en train de poser.

III

LE LANGAGE DES CHEVAUX

Il semble donc que d'importants échanges aient communément lieu entre l'homme et le cheval. Tout d'abord, l'homme communique avec le cheval par la voix. Il lui enseigne quelques commandements : Ho !, avance, trotte, arrête-toi, et il espère que le cheval y obéira. À son tour, l'homme apprend la signification de certains sons utilisés par le cheval. Il peut rapidement reconnaître le frémissement sonore d'accueil, le hennissement d'appel : « Y a-t-il quelqu'un à proximité ? », et le cri perçant de la colère.

L'homme enseigne aussi à son cheval un certain nombre de codes : il le touche des talons pour lui dire d'avancer, il résiste sur les rênes, exerçant ainsi une pression sur la bouche du cheval, pour qu'il s'arrête. Il le caresse pour le féliciter ou le corrige lorsqu'il s'est mal conduit. Ces échanges sont la base de toute communication avec les animaux, quels qu'ils soient. Un vétérinaire qui tente d'établir son diagnostic observera d'autres signes : par exemple, s'il touche un endroit douloureux, le cheval tressaillira sous l'effet de la douleur. Il vous fera aussi comprendre que vous lui faites mal par une forte aspiration. On peut aussi dire si le cheval est malade ou patraque en observant son attitude apathique et abattue. Par tous ces moyens, un cheval communique par signes avec vous. Selon la manière dont il se comporte, il vous dira également s'il est en pleine forme ou s'il est fatigué.

Au début de nos recherches sur la communication animale, nous avons décidé d'essayer de dresser un bref répertoire des messages émis par les chevaux, et pour cela nous avons commencé par suivre la voie la plus communément empruntée dans ce domaine. Étant donné que nous utilisons nous-mêmes des sons pour communiquer, il nous a paru évident de commencer par étudier ceux émis par les chevaux ; à partir de là nous avons alors tenté d'en dégager un schéma. Nous avons, à ce stade, obtenu certains résultats. Nous avons trouvé que le frémissement sonore de bienvenue et le hennissement d'alarme étaient des sons communs à presque tous les chevaux. Mais plus nous avancions dans nos recherches, plus nous découvrions que nous ne pouvions pas nous baser sur des modèles préétablis pour interpréter les sons dont se servent les équidés. Il nous est clairement apparu que des chevaux différents utilisaient la même séquence de sons pour transmettre différentes significations, chacun ayant son propre langage, similaire seulement à celui de ses congénères mais pas identique. Nous avons dû faire machine arrière et reprendre notre travail à zéro.

Nous avons, tout d'abord, observé la façon de communiquer des êtres humains et nous avons découvert que l'intonation de la voix et la manière de prononcer une phrase contenaient autant de significations que les paroles elles-mêmes. Par exemple un Anglais, un Irlandais, un Écossais et un Gallois parlent tous l'anglais. Ils peuvent se comprendre mais ils ont une manière différente de faire passer un message. Ils emploieront d'autres mots, d'autres phrases, sous d'autres formes. Autrement dit, des gens de souche culturelle différente, bien qu'employant la même langue de base, se serviront de mots et de phrases différents pour transmettre une simple idée. De même, à l'intérieur d'une même ethnie, des gens de nature et de tempérament différents utiliseront des formules différentes pour transmettre une seule et même idée. Certains sons, par contre, sont communs à tous les gens de la même race et sont employés à certains moments : le mot « Hello ! » par exemple est commun à tous les anglophones. C'est dans le même ordre d'idée que le frémissement d'accueil est commun à tous les chevaux. Et de même que le cri « Help ! » (Au secours !), utilisé par tous ceux qui parlent l'anglais, la plupart des chevaux ont un hennissement ou un cri d'alarme.

Nous avons tenu compte de l'importance de l'intonation dans la signification du message. Par exemple, un homme ou une femme en disant : « Viens ici ! » peut modifier entièrement le sens de sa phrase selon l'intonation qu'il y met. Si ces mots sont murmurés par une femme, d'une voix douce et séduisante, ce peut être une invitation à l'amour. Si le ton de la voix est sévère et dur, c'est un ordre auquel il faut obtempérer sur-le-champ, et si l'on crie : « Viens ici ! », ce peut également être un appel au secours. De la même façon, le cheval peut varier son message en élevant ou en durcissant la voix, de sorte que des sons similaires peuvent signifier tout ce qu'on veut, depuis : « Viens chéri ! » jusqu'à : « Si tu ne viens pas tout de suite je te réduis en bouillie. » Et le même message peut être aussi utilisé comme un appel au secours.

La seconde chose que nous avons dû prendre en considération, c'est que les habitudes de communication varient selon le sexe ; mais alors qu'il n'existe que deux sexes chez les êtres humains, mâle et femelle, les chevaux domestiqués en comptent trois : entier, jument et hongre. Ceci est important, puisque la note et le ton de chaque sexe sont différents : le registre d'un étalon et celui d'une jument sont complètement différents ; quant au cheval hongre il vient se placer quelque part entre les deux. Cela n'a pas grande importance lorsqu'on est en contact avec un seul cheval, mais il importe de s'en souvenir lorsqu'on a affaire à un grand nombre de chevaux, ou si l'on essaie de comprendre un cheval qu'on ne connaît pas, car la même suite de notes peut signifier des choses différentes selon qu'elle est utilisée par une jument, un hongre ou un étalon.

Par conséquent, avant même de commencer à interpréter un message émis par le son, il faut connaître le sexe de l'animal. Nous avons également découvert qu'il est important de tenir compte de l'âge du cheval, parce que, de toute évidence, la gamme des sons et des notes émis par un poulain est complètement différente de celle qu'il utilisera quatre ou cinq années plus tard, lorsqu'il sera devenu étalon.

Par contre l'étalon, la jument, le cheval hongre, le poulain, et le yearling auront tous le même jeu de tons et de notes qu'ils émettront de onze manières différentes. Neuf de ces onze tons de voix différents proviennent d'une exhalation, ils sont émis en soufflant. D'abord un ronflement, produit en se servant seulement des naseaux comme caisse de résonance, et, parfois, pour s'exprimer de façon plus impérative, en faisant claquer les naseaux en même temps. La note la plus forte dans cette vibration des naseaux est émise comme signal d'alarme pour attirer l'attention, pour manifester de l'excitation ou exprimer des émotions fortes. Un frémissement est également produit en utilisant les naseaux comme caisse de résonance, mais c'est ici une note beaucoup plus caressante et qui peut varier d'un doux souffle à un bruit très fort, et sert généralement de salut ou de témoignage d'affection. Puis vient le petit hennissement, qui est un son interrogatif haut perché, et le hennissement proprement dit, plus fort. Dans les deux cas, c'est une question d'intonation. De plus, nous connaissons le cri de la jument et celui de l'étalon ; chacun d'eux peut avoir un ton sexuel distinct, qu'il sonne avec agressivité ou qu'il soit employé comme avertissement. Ces deux cris proviennent des fosses nasales et s'expriment lors de jeux sexuels, en cas de colère ou dans les manifestations d'humeur. L'étalon a un sifflement particulier dont il se sert pour appeler la jument ; et tous les chevaux ont un cri de frayeur, de souffrance ou de colère qui provient, comme une bouffée de terreur, des poumons. Tous sont des bruits d'exhalation. Les souffles d'inhalation consistent en une aspiration qui pourrait correspondre à un souffle doux et un reniflement qui ressemblerait au ronflement humain. Chacune de ces notes a une signification définie pour chaque cheval.

C'est l'étalon qui possède le plus grand répertoire vocal ; certains des bruits qu'il émet sont effrayants, tandis que d'autres sont très beaux à entendre. Mais il a une marge quelque peu limitée de messages à délivrer par la voix, simplement parce que, à l'état naturel, il n'y a que trois choses qui le préoccupent : le sexe, le danger et la nourriture. Aussi ses messages se réduisent-ils à ces trois sujets. On pourrait dire en fait qu'il n'a que trois sujets de conversation : la peur, la nourriture et les filles, ce qui le rend très semblable à l'homme, si ce n'est que l'homme a un sujet de conversation supplémentaire : comment se débrouiller pour éviter de travailler. De sorte qu'en plus du : « Mangeons, faisons l'amour, sauvons-nous », l'espèce humaine ajoute : « Faisons grève ! »

Une jument, en revanche, en dehors de ces sons ayant trait à la sexualité, la nourriture et le danger, possède une série de sons spécifiques concernant le soin et la protection de son poulain de l'année et probablement même de celui de l'année précédente. Elle doit pouvoir appeler son petit à elle pour le nourrir, ou en cas de danger, mais elle doit également lui enseigner la discipline, aussi son éventail de messages sera-t-il beaucoup plus vaste que celui de l'étalon. Un cheval hongre qui, bien sûr, n'existe pas à l'état sauvage, a une gamme vocale qui peut varier de celle de l'étalon, s'il a été coupé très tard, à celle d'une jument, s'il se montre plus que protecteur à l'égard de celui qui le soigne. Un poulain a également ses messages à lui et un répertoire vocal qui a trait à la nourriture et à la peur ; il n'aura pas de messages sexuels mais il utilisera une gamme de sons particuliers pour être protégé et rassuré, et cela changera lorsqu'il grandira. Il gardera, pourtant, quelques-unes de ses expressions de poulain lorsqu'il aura atteint un an et même deux. Puis, lorsqu'il commencera à se sentir adulte dans l'été de sa deuxième année, et à trois ans jusqu'à ce qu'il soit coupé, les messages de sa voix se transformeront pour devenir ceux d'un étalon ; s'il s'agit d'une pouliche, elle s'exprimera comme une jument.

Le contact avec l'homme enrichit l'étendue vocale du cheval. Ce qui complique les choses, car il est quasiment impossible de faire la différence entre les messages qui sont naturels au cheval et ceux qui résultent d'un contact avec l'homme. Si on tarde à lui apporter à manger, par exemple, un cheval domestiqué hennira doucement, cognera contre la mangeoire, ou trouvera quelque autre signal pour vous rappeler qu'il est temps de le nourrir. Ce comportement est complètement inconnu du cheval sauvage, car sa nourriture est toujours là et il n'a pas à attirer l'attention de qui que ce soit quand il a faim. Nos observations nous ont enseigné que, lorsqu'un cheval s'aperçoit que les messages qu'il essaie de transmettre sont compris, soit par un autre cheval, soit par l'homme, il les réutilise : ce qui signifie qu'il enrichit son propre vocabulaire. Le vocabulaire le plus étendu que nous ayons jamais rencontré était celui de Cork Beg que nous avons gardé pendant vingt ans, et nous avons observé que d'autres chevaux qui n'avaient eu que peu ou pas de contact avec l'homme apprenaient de lui des phrases et enrichissaient ainsi leur vocabulaire.

Nous nous rendîmes compte combien un cheval peut apprendre d'un autre, grâce à Rostellan, un cheval appartenant à ma femme. Lorsque Cork Beg devint quelque peu arthritique et raide et n'eut plus de plaisir à chasser du matin au soir, il nous fallut trouver un autre cheval pour lui venir en aide. Nous eûmes la très grande chance d'acquérir un Cob gallois enregistré sous le nom de Trefais Dafydd qui paraissait remplir parfaitement son office. Trefais Dafydd étant compliqué à prononcer, nous l'appelâmes Rostellan, du nom d'une propriété voisine de la maison de ma femme en Irlande. (Cork Beg avait été nommé d'après le nom de sa maison.) Il arriva chez nous dans un camion chargé de neuf chevaux, dont aucun n'avait jamais été manipulé par l'homme. C'était un grand trois ans noir. À l'automne, lorsque nous décidâmes de le garder, il s'était étoffé considérablement et avait trouvé sa place parmi nous. Le seul moyen qui permît à ma femme de trouver le temps d'entraîner deux chevaux en hiver, fut de monter Cork Beg et de le faire suivre par Rostellan, suivi à son tour de la chienne Labrador, Dora. Il apprit bientôt à suivre de très près Cork Beg en restant sur ses talons et à ne jamais tenter de le dépasser. S'il le faisait, Cork Beg tournait la tête et menaçait de le mordre. Ayant institué un ordre hiérarchique dans le troupeau de deux chevaux qu'ils formaient, Cork Beg fut très satisfait de prendre un apprenti et de lui enseigner les trucs du métier et je m'aperçus un jour, en sortant après déjeuner, à quel point l'élève copiait le maître. Cork Beg avait l'habitude de tenir sa tête hors de la porte de l'écurie, la lèvre inférieure pendante. Ce jour-là, une belle journée d'été, en tournant au coin du bâtiment, je vis mes deux chevaux, Rostellan imitant Cork Beg, la lèvre complètement pendante. Rostellan en avait même rajouté en tirant un bout de langue.

Il y a des choses cependant qui ne s'apprenaient pas aussi facilement. Par exemple, Cork Beg avait l'habitude de se tenir avec les postérieurs croisés, c'est-à-dire avec un postérieur devant l'autre. La seule fois que Rostellan essaya d'en faire autant, il se retrouva assis sur le derrière dans une position très inconfortable et il n'essaya plus ce truc particulier. Mais surtout, Cork

Beg s'appliquait à enseigner à Rostellan les choses qu'il avait absolument besoin de savoir, par exemple il lui apprit exactement ce qu'il fallait faire lorsque ma femme broyait du noir. Comme tout le monde, elle sentait parfois peser très lourdement sur ses épaules tout le poids de l'univers. Dans ces moments-là, elle avait pour habitude de sortir avec Cork Beg. Ce dernier employait tous les trucs possibles pour la distraire. La première chose qu'il faisait en sortant, c'était de foncer sur Dora qui aboyait en faisant mine de lui mordre le nez. Puis, il avançait posément sur la route jusqu'à ce qu'il voie une chose susceptible de l'effaroucher. Il faisait alors un écart comme s'il s'agissait de la chose la plus terrifiante qu'il ait jamais vue. Ce pouvait être le poteau d'une clôture, ou une feuille qui vole sur la route, ou un rouge-gorge qui s'envole d'une haie, Cork Beg réagissait en bondissant et en sautant d'un côté de la route à l'autre, puis se blottissait en tremblant dans le fossé. Si cela ne suffisait pas à remonter le moral de mon épouse, il prenait alors des mesures plus draconiennes. Il attendait qu'il y ait une bande de gazon sur le chemin et se mettait à gambader, à faire des bonds et à galoper à la poursuite de Dora. Après cinq ou six foulées, s'étant assuré que ma femme tenait bien en selle, il avait pour habitude de faire quatre ou cinq sauts-de-mouton. Je l'ai même vu, à l'occasion, après avoir déséquilibré ma femme, se jeter de côté pour la rattraper au vol. Ce truc était presque infaillible : il n'arrêtait son manège que lorsqu'il avait réussi à la faire rire.

Pour faire travailler un cheval, nous avons le très grand avantage de vivre en bordure de huit cents hectares de terre appartenant à l'administration des Forêts où nous pouvons bénéficier d'un très grand nombre de pistes herbeuses. L'une des choses que ce vieux cheval adorait, c'était d'avancer l'air à moitié endormi, jusqu'à ce qu'il arrive à l'angle d'une de ces allées ; alors il obliquait tout à coup et partait ventre à terre avec Dora à sa suite ; c'était encore un truc infaillible pour faire rire ma femme. L'étonnant est que, tout arthritique et raide qu'il fût, même après s'être cassé la jambe, il continuait encore toute la série de ses tours et, après les avoir faits, il dansait comme un trois ans sauvage et indomptable.

Il enseigna autre chose à Rostellan : lorsque j'apparaissais dans l'écurie pour me livrer à quelque tâche, il faisait tout un cinéma, et jouait au cheval sauvage indomptable complètement terrifié par le patron. Je pouvais entrer cinquante fois dans l'écurie, vaquant à mes occupations quotidiennes, sans qu'il bouge pour autant. Mais si j'entrais avec une brosse pour le panser, pour enlever le plus gros de la boue après une journée de chasse, cela donnait lieu à de véritables bagarres.

Une autre chose qu'il enseigna à Rostellan, fut que, dans une compétition, si c'est la maîtresse qui est à bord, on est là pour s'amuser. Peu importe si l'on gagne un prix ou non, du moment que tout le monde prend du bon temps. Mais lorsque c'est le maître qui vous monte, on court pour de bon, il faut s'y mettre à fond et donner son maximum. Je fis des compétitions avec ce vieux cheval, une ou deux fois par an, et je ne l'ai jamais emmené quelque part sans gagner un prix avec lui. Il arriva classé trois fois dans des courses au clocher, remporta plusieurs concours de chasse et je jouai même au polo avec lui. C'était un cheval absolument magnifique.

Quoique Rostellan ne fût pas aussi intelligent que Cork Beg et fût bâti autrement, étant un Cob gallois et non un trois-quarts pur-sang, c'était néanmoins un élève plein de bonne volonté ; au cours des trois années qui suivirent, il apprit tout ce que Cork Beg pouvait lui enseigner. C'est l'exemple type du cheval qui, au bout d'un certain temps, arrive à prendre une partie de la personnalité d'un autre.

Ce récit montrant comment le caractère de Rostellan se modifia sous l'influence de mon épouse et de Cork Beg, n'est qu'un exemple de la manière dont le caractère et le comportement d'un cheval peuvent être complètement transformés par son environnement. Et un changement dans l'environnement d'un cheval a bien sûr une influence considérable sur la communication équine, car modifier ses besoins et ses habitudes nécessite un nouveau vocabulaire adapté aux nouvelles exigences. Peut-être serai-je plus clair en prenant une comparaison chez l'homme. Je vis sur le mont Llanybyther, au nord du comté de Carmarthen, mes voisins sont des fermiers, comme je l'ai été moi-même à une époque ; les sujets de conversation tournent autour des chevaux, de la chasse, du temps qu'il fait, des moutons et des bovins, dans l'ordre que je viens d'énoncer, ainsi que des derniers potins du lieu, naturellement. Les mots que nous employons ont trait à ces sujets. Mais si je déménageais et allais habiter Londres ou les comtés du centre de l'Angleterre, si je prenais un emploi dans un bureau ou une usine, mes sujets de conversation deviendraient le football, le cricket, les voitures, le théâtre et la musique et je me servirais de mots et de phrases que je n'utilise jamais actuellement. De même, lorsque les chevaux se trouvent dans leur environnement naturel, ils vivent au sein d'un groupe, avec un certain type de comportement et une structure sociale bien définie, allant, par ordre décroissant, de la jument de tête au petit dernier de l'année –l'étalon se tenant hors du troupeau et temporairement en liberté, bien qu'il puisse y avoir, dans le groupe, des mâles non parvenus à maturité– et leur communication sera conditionnée par les besoins nés de cette situation. Lorsque le troupeau de chevaux quitte les collines et se trouve confiné dans un pré, son mode de comportement change totalement. Une fois la liberté de mouvement des chevaux disparue, les signes correspondant à ce mode de vie n'ont plus de raison d'être ; ils se tiendront beaucoup plus près les uns des autres, donc certains signes et sons seront moins employés, d'autres, au contraire, le seront davantage. Une fois débourrés et manipulés par les hommes, la variation des signes et des sons utilisés sera davantage marquée, tout particulièrement si les chevaux sont constamment à l'écurie. Des signaux, comme ceux d'alerte et de mouvement, ne seront presque jamais employés et d'autres, comme les signes d'impatience et de demande de nourriture, se verront développés, qu'ils imitent d'autres chevaux ou qu'ils les inventent eux-mêmes. Étant donné que le cheval ne dispose que de onze tons de voix différents et qu'il est incapable de créer de nouveaux tons pour transmettre de nouveaux messages, il lui faut adapter et doubler ses messages vocaux existants pour les faire correspondre à ses nouveaux besoins. D'une part, il adaptera un grand nombre de ses signaux existants, et d'autre part, il en inventera un certain nombre de nouveaux, soit en imitant un signal qu'emploie un autre animal (généralement un cheval, mais pas nécessairement), soit en constatant qu'un signe employé par hasard obtient une réponse particulière ; il utilisera ce nouveau signe pour obtenir cette même réponse.

Une de nos expériences montrant comment un cheval peut étendre son vocabulaire est très simple à reproduire. Nous prenions un poney sauvage de la colline et le (ou la) mettions avec le cheval de chasse de mon épouse ; lorsque venait l'heure de manger, le vieux Cork Beg hennissait pour demander sa nourriture et, en très peu de temps, son compagnon se mettait à hennir, par imitation. Lorsqu'il était séparé de Cork Beg, le jeune cheval demandait encore à manger quand il avait faim, mais pas nécessairement de la même façon que Cork Beg. Sur cent vingt-deux cas observés, trois seulement n'avaient pas appris à demander à manger au cours de sept jours de contact avec des chevaux qui demandaient déjà à manger. Nous avons trouvé qu'il y a quatre manières fondamentales de le faire. Il est peu probable que deux chevaux dans un petit groupe demandent à manger exactement de la même façon, mais, dans chaque cas, il ne subsiste aucun doute quant à ce que l'animal veut dire et il se fait comprendre facilement. Étant donné que nous nous sommes trouvés devant la quasi-impossibilité d'établir la différence entre les sons appris au contact de l'homme ou avec d'autres animaux domestiques, et les messages que le cheval émet à l'état naturel, nous avons décidé – dans le dictionnaire des messages des chevaux que nous commencions alors à établir –, de dresser la liste de la signification de tous les signaux et de tous les sons employés, puisque tous ont pour but de transmettre une signification et peuvent être compris par les autres chevaux et par l'homme. La distinction entre le langage « naturel » et le langage appris par un animal domestique est d'autant moins nette que cer,tains sons peuvent être employés relativement rarement à l'état sauvage et devenir courants après le contact avec l'homme et des chevaux domestiques. Nous en avons un exemple dans le message de bienvenue. À l'état sauvage, le cheval reste dans un troupeau raisonnablement établi et un cheval qui revient au troupeau est accueilli par un doux souffle à travers les naseaux, un frémissement sourd, ou une caresse en poussant du nez, et tout cela veut dire : « Sois le bienvenu.» La même phrase sera employée par une jument qui engage son poulain à s'approcher d'elle, ou par celle qui veut le rassurer et, à l'occasion, par d'autres chevaux du troupeau qui s'accueillent mutuellement, bien que ce ne soit pas courant. Au contact de l'homme, cette manifestation devient très commune. Lorsque je passe à côté de mes chevaux, je leur parle, je leur dis : « Salut ! » et ils m'accueillent d'un salut en retour. Les uns soufflent à travers leurs naseaux, d'autres me poussent du nez, d'autres me donnent le frémissement de bienvenue et ma jument Iantella m'embrasse. Ils se servent des mêmes phrases lorsque je leur apporte leur nourriture et ils accueillent leurs amis de retour à l'écurie avec le même frémissement de bienvenue.

Pour quiconque s'intéresse à la recherche, il est de la plus grande importance de reconnaître si un signal ou un son est naturel à un animal à l'état sauvage, ou s'il a été acquis au contact de l'homme. Mais pour le cavalier qui désire seulement comprendre son cheval, la distinction entre langage inné et langage acquis n'a pas grande importance.

IV

COMMENT LE CHEVAL UTILISE LE SON

Une des premières difficultés rencontrées dans notre étude sur la signification des sons émis par le cheval, est due au fait que les équidés ne se servent pas d'une succession définie de sons pour transmettre leurs intentions, contrairement à l'homme. En établissant notre dictionnaire nous avons très vite découvert qu'il était impossible – à quelques rares exceptions près – de dire : tel son signifie telle chose ; mais on peut dire que, dans certaines limites, un cheval est capable de transmettre un message spécifique d'une ou de plusieurs manières différentes.

Pour essayer de comprendre cela, nous nous sommes référés, une fois de plus, au langage de l'homme et nous nous sommes rendu compte que, pour transmettre un message donné, l'être humain peut utiliser mille sons différents, sans que l'on puisse dire avec certitude qu'un son déterminé signifie pour lui une chose définie. Ceci peut paraître absurde au premier abord mais, à la réflexion, on s'aperçoit qu'il en est ainsi. L'espèce humaine se compose d'une myriade de nations et chacune a son propre langage ou dialecte. Si on prend une phrase courante comme : « Je vous aime », chaque race, chaque nation, chaque tribu aura en commun un jeu différent de sons, pour la transmettre. Même dans une seule langue, comme l'anglais, il existe bien des façons différentes de dire : « Je vous aime. »

Dans notre dictionnaire des expressions des chevaux, nous avons donc inscrit chaque message et, en regard, nous avons dressé la liste de chacune des manières individuelles que nous connaissions, par lesquelles un cheval a l'habitude de transmettre ce message. Nous avons pris par exemple la simple phrase : « Je vous aime », dans son sens le plus large de manifestation d'affection et, en face, nous avons dressé la liste des façons différentes par lesquelles un cheval exprime son attachement. Nous commençons par : souffler, avec 2 degrés d'intensité, aspirer avec 2 degrés d'intensité, puis le hennissement de bienvenue avec 3 degrés d'intensité. Ce sont les manifestations vocales par lesquelles le cheval montre son affection. Il existe, en plus, un très grand nombre de signes ; nous en avons relevé trente-six variantes. Nous en concluons que la plupart des chevaux manifestent leur affection par l'une de ces trente-six manières-là. Il y aura toujours, bien sûr, un original qui fera exception et témoignera sa sympathie d'une manière tout à fait personnelle : par exemple Fearless me manifesta son affection, lorsque je revins d'un voyage sur le continent, en galopant, oreilles rabattues en arrière, et s'arrêtant pile, en me léchant des pieds à la tête et en m'attrapant avec ses dents pour me secouer. Nous avons eu un autre cas : un étalon, un poney gallois qui venait d'être castré et qui avait vécu avec du bétail : il témoignait son affection à une jument en respirant son urine, lorsqu'elle pissait.

Il existe aussi un ou deux signes d'attirance sexuelle mais nous ne les avons pas consignés en regard de la l'expression : « Je vous aime » car ils ont, en réalité, un sens entièrement différent. Le gloussement de jeune fille de la jument quand elle pousse son petit cri aigu, et le ronflement de l'étalon, proviennent tous deux d'une impulsion sexuelle, pas d'une quelconque affection, et ne sont utilisés qu'en matière de sexualité et d'accouplement.

Nous avons donc dressé un dictionnaire du langage du cheval. Ce répertoire comporte chacune des quarante-sept phrases qu'utilisent les chevaux, en même temps que cinquante-quatre messages secondaires et nous avons noté les différentes manières dont la plupart des chevaux transmettaient chaque signification. Cette méthode est à l'opposé de celle qu'emploient la plupart des gens qui travaillent dans ce domaine et qui ont tenté d'attribuer une signification à chaque signe ou son. Ce qui, nous semble-t-il, ne fait qu'augmenter les difficultés. Par contre, dresser la liste des expressions et des messages les plus courants dont se sert un cheval est une tâche relativement facile. Pour cela vous aurez soin de choisir, dans un premier temps, un cheval qui vous connaît bien et avec lequel vous avez des rapports quotidiens. Vous établissez la liste des expressions, c'est-à-dire des signes et des sons qu'il emploie et que vous comprenez. Certains sont transmis seulement par des signaux, d'autres par le son ; mais la plupart sont composés à la fois de signes et de sons. Vous serez surpris de constater le nombre que vous en comprenez déjà. Ce sera probablement la moitié de ce qu'il dit ; ensuite, par l'observation, vous tenterez d'interpréter les autres expressions et phrases qu'il emploie.

Étant donné que vous comprenez déjà la moitié de ce qu'il dit, les autres signes et sons seront relativement faciles à expliquer. Après une observation de six semaines à un an, vous aurez dressé une liste de vingt-cinq à trente-cinq messages de base que votre cheval utilise fréquemment. Ensuite, lorsque vous serez parvenu à comprendre tout ce que veut dire votre cheval, vous pourrez commencer à observer les autres chevaux et, en face des messages de base dont vous avez dressé la liste pour votre propre cheval, vous dresserez la liste de ceux qu'utilisent les autres chevaux pour exprimer la même chose. Vous découvrirez que certains de ces chevaux se servent des mêmes expressions que votre premier sujet et que d'autres transmettent des messages que votre premier sujet n'a même pas tentés, et cela complétera votre liste de phrases courantes.

Au bout d'un certain temps – cela peut aussi bien prendre vingt ans !– vous aurez peut-être réuni les quarante-sept messages de base employés par le cheval. Il y en a – comme le cri de rage ou de terreur – que vous pouvez ne jamais entendre, d'autres qui sont réservés à des situations bien définies, telles que les relations amoureuses ou la sollicitude maternelle à l'égard de son poulain, que vous n'avez que rarement l'occasion de rencontrer si vous ne faites pas d'élevage. Ainsi votre liste de messages de base peut-elle être inférieure à mon total de quarante-sept messages de base et cinquante-quatre sous-messages, mais vous aurez de toute façon une liste de tous ceux qu'utilisent les chevaux que vous fréquentez et ce répertoire peut s'accroître à tout instant. Vous constaterez que certains messages ne s'accompagnent que d'un nombre très limité de variantes ; pour d'autres, vous pourrez en compter jusqu'à trente et la liste n'est jamais terminée. Il y a toujours un cheval qui s'exprime d'une façon que vous n'aviez pas encore rencontrée auparavant.

Prenons par exemple les variantes de l'expression : « Où est donc ce maudit casse-croûte ? » ; chez un cheval elle peut être exprimée uniquement par le son, en utilisant l'expression de base : « Bienvenue ! » et ses six formes d'intensité à savoir : deux degrés de souffle par les naseaux, un léger frémissement, un frémissement fort, un hennissement doux et un hennissement fort. Le cheval peut aussi, en plus du hennissement, utiliser un ébrouement, ou ronflement. Il reste encore une douzaine de signes ou de combinaisons de signes et de sons.

Le fait que l'expression : « Bienvenue ! » puisse aussi bien être utilisée pour dire : « Où est donc ce maudit casse-croûte ? » augmente la difficulté de dégager un sens d'une séquence déterminée de notes. Le frémissement de bienvenue, dont un cheval se sert lorsqu'il en salue un autre, peut donc devenir, aux heures de repas : « Où est donc ce maudit casse-croûte ? » La jument, elle aussi, peut se servir des mêmes notes pour rappeler son poulain. Un étalon et une jument peuvent s'en servir comme prélude à leurs jeux amoureux. Le même son peut, selon les circonstances, avoir un grand nombre de significations.

Le vieux Cork Beg, par exemple, utilise le même appel pour dire : « Salut ! » à ma femme ou à un autre cheval, pour me dire à moi : « Chouette, voilà le déjeuner ! » ou : « Viens, chérie » à sa petite amie habituelle. Mais cet appel peut changer, et devenir plus impératif. Si je tarde à lui apporter sa nourriture ou si je sers un autre cheval avant lui, les notes qu'il utilise, dans son frémissement de bienvenue, montent rapidement et le message devient : « Alors, ça vient ce maudit casse-croûte ? » Si sa petite amie habituelle ne vient pas dès qu'il l'appelle, la note montera et passera de : « Viens, chérie » à : « Rapplique vite fait, sale paresseuse ! » Le ton employé, plus ou moins impérieux, dépend en partie de la personnalité des intéressés. Il en va de même, lorsque ma femme s'occupe des chevaux et dit : « Arrête ! », c'est un ordre beaucoup plus fort que quand je leur dis : « Si tu fais ça, je t'étripe ! », et les chevaux le savent ! C'est ainsi qu'un cheval peut utiliser naturellement une note beaucoup plus élevée, d'un ton plus autoritaire que ne le ferait un autre pour transmettre un même message. Comme chez l'homme, un ton plus ou moins autoritaire se manifeste en élevant ou en abaissant la voix, tout autant qu'en ajoutant autre chose à la phrase originale. Un homme, par exemple, peut en imposer davantage soit en élevant la voix quand il dit : « Viens ici » , soit en ajoutant un complément à sa phrase : « Viens ici tout de suite. » Le cheval peut, de la même manière, être plus catégorique en se servant d'un signe supplémentaire aussi bien qu'en augmentant le ton de sa voix.

Cette approche de la communication équine, qui a consisté à mettre l'accent sur la signification transmise par les *sons* et les *signaux* pris comme *un tout*, – au lieu de ne la faire porter que sur le son qu'émet le cheval, comme l'ont fait la plupart des chercheurs –, a été notre principale découverte et, je le crois, notre meilleure contribution à la compréhension de la communication animale.

Le volume et la tonalité de la voix sont également fonction de la distance à laquelle le cheval se trouve par rapport au congénère auquel il s'adresse. Par exemple, lorsque je suis à quatre ou cinq cents mètres de la maison sur l'un de mes chevaux, il donne au maximum de sa voix : « Ohé, les gars ! y a-t-il quelqu'un à la maison ? », ce à quoi l'un des chevaux de l'écurie répond : « Oui, moi ! » Plus il est près de la maison, moins il pousse sa voix pour se faire entendre, et les deux chevaux abaissent la voix au fur et à mesure qu'ils se rapprochent l'un de l'autre. Lorsque j'arrive à la porte de l'écurie, ils disent encore la même chose mais, au lieu de crier de toutes leurs forces, ils se bornent à souffler à travers leurs naseaux pour se faire entendre l'un de l'autre. Mon cheval continue de lancer son salut de bienvenue jusqu'à ce qu'il soit à une distance suffisante de l'autre cheval pour l'entendre respirer et, là, il s'arrêtera de dire salut et se servira de l'une de ses façons de montrer son affection. Personne ne saurait faire la différence entre l'intonation du premier appel et du second, une fois qu'un autre cheval lui a répondu. C'est un peu comme lorsque quelqu'un vous dit bonjour. Si vous entrez dans la maison d'un ami, vous pouvez dire : « Bonjour ! vous êtes là ? » pour savoir s'il y a quelqu'un ; on peut vous répondre de l'étage : « Bonjour ! je suis là ! » et, une fois votre ami descendu, vous vous saluez à mi-voix du même mot : « Bonjour. »

Tous ces échanges pourraient sans doute être traduits uniquement par le mot : « Bonjour », mais nous ne l'avons pas fait, principalement parce que cela ne permettrait pas de percevoir toute la gamme des significations. Une jument qui accueille son poulain transmet un tout autre message que l'étalon qui claironne en signe de défi. L'appel initial de l'étalon : « Y a-t-il quelqu'un par ici ? » change très peu d'intonation, si on lui répond ; en revanche, la signification de son appel peut devenir : « Viens te battre ! » si c'est un autre étalon qui lui répond, et la provocation s'amplifiera jusqu'à ce qu'ils se rencontrent. Si c'est une jument qui répond, l'étalon émettra le même appel, mais, dans ce cas, « Y a-t-il quelqu'un par ici ? » se transformera en : « Viens faire l'amour », et il continuera ainsi jusqu'à ce qu'il se soit rapproché d'elle, où ce ton impérieux diminuera jusqu'à devenir un ton d'accueil. Alors, soit elle le mordra et lui décochera des coups de pied en lui disant d'aller voir ailleurs, soit elle émettra un gloussement de demoiselle et ils pourront se livrer à leurs ébats amoureux. Si c'est un hongre qui répond, l'étalon le sommera de déguerpir en des termes sans équivoque. Dans chaque cas, l'appel de l'étalon résonne de la même façon, mais le message est tout à fait différent. La voix du cheval ne fait qu'indiquer la signification du message, elle ne transmet pas de message en tant que tel, contrairement au langage de l'homme.

Il est bien sûr possible pour un être humain de se faire comprendre par quelqu'un qui parle une langue différente simplement en utilisant des signes et l'intonation de la voix. Observez par exemple un marin qui débarque dans un port étranger. En très peu de temps, il aura fait connaître ses besoins et satisfait ses exigences – qui sont généralement, et dans l'ordre : la boisson, les femmes et l'amusement – et il n'aura pas eu besoin de connaître un seul mot de la langue pour se faire comprendre.

Dans le cas du cheval, c'est le contexte qui donne la signification. C'est pourquoi le travail sur des enregistrements magnétiques est si difficilement utilisable : aucun enregistrement sur bande ne peut vous donner le contexte d'un signal sonore. Bien sûr, il est toujours possible de mal interpréter ces signaux. J'ai vu un cheval mal interpréter l'appel d'un autre cheval. Rostellan, le Cob gallois de ma femme, a répondu un jour à l'appel d'un étalon que je venais d'acheter et que j'avais castré. Lorsqu'on le mit dehors pour la première fois, l'étalon partit au trot dans le champ et appela : « Y a-t-il quelqu'un par ici ? » et Rostellan répondit. Ils s'appelèrent jusqu'à être en vue l'un de l'autre, alors Rostellan trotta vers l'étalon, pensant qu'il lui disait : « Bonjour ! » et reçut pour la peine une ruade dans les côtes.

Étant donné qu'il est tout aussi important de comprendre son cheval que de se faire comprendre de lui, il est essentiel de se servir correctement de la voix pour lui parler. À moins d'être un imitateur professionnel de cris d'animaux, il est inutile d'essayer de vous servir des notes et des sons qu'il utilise, sauf pour le bas de la gamme, c'est-à-dire pour inspirer ou expirer doucement. Vous pouvez aussi employer un frémissement très bas, dans le registre de votre voix. Mais, à part cela, il est sans intérêt de vouloir imiter un cheval, d'autant plus que le cheval est très vite en mesure d'interpréter votre ton de voix normal. La plupart des ordres verbaux du cavalier à l'égard de son cheval se réduisent à des commandements simples, tels que « Ho ! », « Avance ! », « Trotte ! », et le cheval apprend extrêmement vite à répondre à ces injonctions, à condition toutefois que vous vous serviez d'une méthode d'entraînement correcte. Lorsque le cheval répond au commandement, on doit le féliciter et le flatter. Il apprend par l'encouragement, non par la punition. Car si vous dites : « Ho ! », et lui tapez dessus, il associera très vite :

« Ho ! » et correction et ne comprendra jamais à quoi correspond votre demande. Certains commandements comme : « Ho ! » reçoivent, de toute façon, une réponse automatique de la part d'un très grand pourcentage de chevaux. Environ soixante-dix pour cent de chevaux n'ayant jamais été dressés répondent naturellement au mot : « Ho ! ». De même que le claquement de langue les stimule, et les fait avancer. Si vous dites : « Debout ! », le cheval se redresse naturellement. Ces sons paraissent déclencher une réponse automatique chez le cheval et ne doivent pas être confondus avec les commandements qu'il est nécessaire de lui enseigner.

Bien entendu, lorsque vous donnez un ordre à votre cheval, le ton de la voix est extrêmement important. Je me suis déjà référé à l'Irlandais Dan Sullivan, connu sous le nom de le Chuchoteur. Si vous parlez tout bas à votre cheval, très doucement, il trouve votre ton affectueux et cela aura sur lui l'effet d'une caresse. Si vous lui parlez d'une voix douce et chantante (j'ai coutume de leur réciter ce vers : « Voilà un garçon habile, un brave garçon, un bon petit copain ») vous verrez que cela assagit immédiatement le cheval et le calme s'il est agité. Si vous lui parlez d'une voix sévère, il se contracte et se tient sur ses gardes. Si vous lui criez dessus il sait que vous êtes fâché. Toutes ces intonations, tous les tons intermédiaires entraînent automatiquement une réaction.

Mais vous devez être extrêmement attentif à la façon dont vous les utilisez. Il y a quatre ou cinq ans, j'avais une chienne de troupeau qui avait l'étoffe d'un champion, mais elle mettait tant d'ardeur et d'enthousiasme à sa tâche qu'elle n'obéissait pas toujours. Après trois mois d'entraînement, tant que je ne m'emportais pas contre elle et ne criais pas : « Bon Dieu, Fan ! » avant de lui donner un ordre, elle continuait sur sa lancée. Et, parce qu'elle était extrêmement désobéissante, je pris l'habitude de m'emporter contre elle en criant : « Bon Dieu, Fan ! » et de jeter un caillou dans sa direction, pour qu'elle écoute. Moyennant quoi, pour lui faire exécuter un ordre, je devais le faire précéder, de « Bon Dieu, Fan ! »

Le cheval est naturellement très sensible au ton de la voix. Un jour, avec Fearless et un jeune poulain de trait en cours de débourrage, je transportais du fumier de vache dans un champ situé en haut d'une pente très raide. Le poulain de trait était dans les brancards et Fearless attelée en flèche. Pour arriver au champ il fallait grimper la côte à toute allure, donc faire trotter les chevaux et courir à côté du cheval qui était dans les brancards ; cette fois-là, juste comme nous arrivions à l'entrée du champ, je glissai, et une de mes jambes se trouva coincée entre la charrette et les postérieurs du poulain. Je criai : « Ho ! Fearless ! » d'une voix désespérée ; Fearless s'arrêta pile et envoya un coup de pied à la face du poulain, qui stoppa lui aussi et se rejeta dans l'avaloire. La roue s'était arrêtée sur ma jambe – j'en porte encore la marque –, mais si elle m'était passée dessus, avec une cargaison de six ou sept cents kilos de fumier, je n'aurais plus jamais pu marcher. Voilà un parfait exemple de la façon dont un cheval répond au ton de votre voix. Si j'avais dit : « Ho ! Fearless » d'un ton normal, il y a bien des chances pour qu'elle n'ait pas tenu compte de mon ordre. C'est une des raisons pour lesquelles j'avais une très grande affection pour cette vieille jument.

Mon père avait une théorie selon laquelle lorsqu'on dresse un jeune cheval, il est très important de le faire coucher à terre et de lui apprendre à s'allonger à la demande. Il faisait coucher le cheval, s'asseyait dessus et fumait sa pipe ou un de ces cigares Burma dont il était très friand ; il se mettait alors à réciter une longue tirade de vers, généralement *The Man from the Snowy River* ou *Kissing Cups Race.*

Le temps qu'il récite ces deux poèmes, il jurait que n'importe quel cheval était devenu tranquille et c'était généralement vrai. C'était en fait un test d'obéissance (car rien ne devait bouger dans un rayon de 500 m quand le patron fumait à toute vapeur un de ses cigares Burma). Reste que le principe de réciter des vers est extrêmement valable, car nous avons constaté à maintes reprises avec les chevaux sauvages que nous avons ici, que leur réciter ou leur chanter quelque chose de doux et de monotone les calme et les détend, et – ce qui a probablement autant d'importance – vous détend également. Car quand on est proche d'un cheval, il devient le reflet de nos émotions et de nos sentiments ; si vous êtes nerveux, il sera nerveux, si vous êtes détendu et lui parlez d'un ton calme, il sera tranquille lui aussi.

V

COMMENT LE CHEVAL UTILISE LES SIGNES

Dans les deux chapitres qui précèdent, j'ai essayé de montrer comment le cheval se sert de sa voix pour transmettre un message. Mais il est évident, pour quiconque a observé les chevaux, qu'un cheval se sert également de signes, et cela de différentes manières : pour exprimer une intention, pour attirer l'attention sur un objet, pour prévenir, et parfois pour exprimer, disons, une « opinion ». Il aura tendance à regarder vers la gauche s'il s'apprête à tourner vers la gauche, et il regardera vers la droite s'il veut tourner à droite ; c'est sa façon de vous dire de quel côté il va aller. Il lèvera la tête et dressera les oreilles et regardera attentivement un objet pour attirer votre attention sur lui. Il couchera ses oreilles en arrière et lèvera un postérieur pour vous prévenir que, si vous approchez, il décochera un coup de pied. Si vous lui donnez à manger quelque chose qui ne lui plaît pas, il en prendra une bouchée et la recrachera, pour vous dire ce qu'il en pense.

L'utilisation du langage des signes n'est pas l'apanage des chevaux. Tous les animaux, y compris l'homme, font intervenir les signes dans leurs relations avec d'autres membres de l'espèce. Nous comprenons la signification d'une conversation autant par l'expression du visage et le mouvement des mains que par le ton de la voix. Dans un certain contexte, les mots : « Je te déteste et je vais te faire souffrir » sont menaçants et agressifs, mais si celui qui les prononce est un homme qui embrasse et caresse une femme, ils signifient tout autre chose. J'ai déjà décrit comment Cork Beg, lorsqu'il utilisait le ton de bienvenue, pouvait vouloir dire : « Bonjour ! » ou « Bien, voilà le déjeuner ! », ou encore « Viens ici ! » selon qu'il grignotait la veste de ma femme, poussait le récipient dans lequel on met sa nourriture ou appelait sa petite amie dans le champ. De même, si une jument rabat les oreilles en arrière, crie et lève son pied pour décocher une ruade, elle dit : « Si tu ne t'en vas pas, je vais te faire avaler ton dentier. » Mais, par contre, si elle crie, donne des coups de pied et lève la queue, lorsqu'un étalon est à proximité, c'est qu'elle est prête à se laisser saillir et cela a une signification entièrement différente. Nous appelons cela son gloussement de jeune fille. Ainsi, on peut voir qu'en y ajoutant un autre signe, la même note vocale peut signifier deux choses totalement différentes, et même deux messages diamétralement opposés : « Va-t'en ! » et « Viens faire l'amour ».

Le langage des signes est en fait bien plus facile à comprendre que la partie vocale du message et je n'ai jamais compris pourquoi – à l'exception de Meek et Ewbank à l'université de Liverpool, dans leur ouvrage sur les porcs, et d'un ou deux autres – les chercheurs actuels ne se sont pas davantage intéressés au langage des signes.

Avec les chevaux, du moins, le langage gestuel est d'un type plus régulier que celui des sons et l'intention du cheval est facile à interpréter d'après les signes dont il se sert.

Ajoutons que le langage des signes est commun à tous les chevaux –race, âge et sexe confondus– mis à part, toutefois, une ou deux exceptions tels les sons qui ont trait à la sexualité et ceux propres au poulain qui dit : « Je suis petit.» C'est, en effet, ce qu'il veut signifier lorsqu'il s'approche d'un cheval plus grand que lui dont il n'est pas sûr, en baissant la tête comme s'il s'apprêtait à téter une jument, ouvrant la bouche, retroussant les lèvres et faisant, avec la langue, mine de téter. S'il fait cela, c'est qu'il sait qu'un cheval plus grand, se rendant compte qu'il a affaire à un poulain, ne tentera ni de lui donner un coup de pied, ni de le mordre. Ce signe est commun à presque tous les poulains, et on le rencontre encore chez les jeunes d'un an. Je l'ai également vu faire par un hongre de quatre ans. De la même manière, communiquer par des signes est un langage universel chez l'homme, quelle que soit sa race.

Il est bien sûr presque impossible de donner une signification définie à un mouvement isolé. Par exemple, si un cheval bouge un postérieur, il peut vouloir dire : « Je vais donner un coup de pied », mais aussi : « J'ai mal au pied.» La vigueur du mouvement, le contexte dans lequel il est exécuté, les sons émis avant et après, tout cela est porteur de signification. Si on connaît bien le cheval en question, on sera capable d'interpréter aisément la signification des signes.

Le cheval utilise entre soixante-dix et quatre-vingts signes différents. Ils dépendent de son âge et de sa nature, selon qu'il est étalon, jument ou hongre. Tous ces signes sont utilisés comme faisant partie des quarante-sept messages de base et des cinquante-quatre messages secondaires ; ils sont généralement utilisés en liaison avec les sons, quoiqu'il y ait certains cas où le message n'est transmis que par signes, particulièrement lorsque le cheval ne se sert que de sa tête et de ses oreilles. Lorsqu'un cheval transmet un message par signes, il se sert de ses naseaux, de son nez, de sa bouche, de ses yeux, de ses oreilles, de sa tête et de son encolure, de sa peau, de sa queue, de ses jambes et de ses pieds. Les jambes et les pieds peuvent être utilisés seuls ou par deux. Un cheval à l'état sauvage se sert normalement de ses membres postérieurs comme d'une arme défensive, et de ses antérieurs et de ses dents comme d'une arme offensive. Mais, me direz-vous, c'est une piètre consolation, pour quelqu'un qui gît sur un lit d'hôpital avec une jambe cassée, de savoir que le cheval ne faisait que se défendre.

Dans le langage des signes, il est toujours surprenant de tomber sur des choses tout à fait insolites que les chevaux, la plupart du temps, ont appris d'autres animaux. J'ai déjà cité notre poney gallois de 1,28 m qui était resté à l'écart de ses congénères au cours de l'année et s'était intégré à un troupeau de bovins. Aussi, lorsqu'une jument urinait, il mettait le nez dessous et reniflait exactement comme un taureau renifle l'urine d'une vache. C'est la seule fois où j'ai rencontré cette habitude chez un cheval et il ne fait aucun doute pour moi qu'il l'avait acquise auprès des bovins.

Un de nos autres poneys levait la jambe comme un chien et, lorsque je cherchai d'où cela pouvait provenir, je découvris que le chien de troupeau de la ferme d'où il venait dormait dans son écurie. Tous deux étaient de grands amis et le poney avait pris l'habitude de lever la jambe pour imiter le chien. Mais, chose amusante, il ne le faisait que là où une jument avait uriné, jamais sur l'urine d'un hongre.

Dans la gestuelle du cheval, la tête et l'encolure sont naturellement les parties du corps les plus sollicitées. Pour transmettre un message, elles peuvent agir ensemble ou séparément. Les naseaux et les lèvres servent surtout à témoigner l'affection, à caresser ou à rassurer un poulain ou un autre cheval ainsi que dans les ébats amoureux. Ils peuvent également être utilisés pour l'investigation et pour attirer l'attention sur un objet particulier.

Lorsqu'un cheval vous pousse du nez ou lorsqu'il pousse du nez un congénère, il veut vous témoigner son affection. Lorsqu'un poulain est effrayé, il court vers sa mère et elle le touche du nez pour le rassurer. Dans ce cas, en effet, utiliser son nez est un prolongement du signe de bienvenue, mais, lorsqu'une jument pousse son petit du nez pour le rassurer, elle dit : « Tout va bien, maman est là.»

La plupart des gens, lorsqu'ils sont mordus par un cheval, savent seulement que cela fait mal et qu'ils n'aiment pas cela. Mais en réalité, il y a quatre sortes de morsures de cheval, complètement différentes. Dans les ébats amoureux, la bouche et les lèvres servent beaucoup et les quatre différentes sortes de morsure peuvent être utilisées. Un étalon s'approchera d'une jument et lui donnera un petit coup de dent. La jument tournera alors la tête et happera le cheval, et la façon dont elle utilise sa tête et son encolure révèle la façon dont elle reçoit les avances de l'étalon. Elle peut juste tourner la tête et le mordiller affectueusement, ou elle peut tourner franchement la tête et lui donner un coup de dent, pour lui demander de partir. Elle peut même le pincer avec les dents ou tourner la tête et enfoncer ses dents dans sa peau, le mordant vraiment, parce qu'elle le rejette. Si ses avances sont encouragées, l'étalon donnera un petit coup de dent et caressera les flancs et les reins de la jument avec ses lèvres et très souvent il saisira l'encolure de la jument avec ses dents, sans vraiment la mordre. Ainsi, en une seule fois, l'étalon a poussé du nez la jument en gage d'affection et l'a agrippée entre ses dents pour lui montrer sa passion. En revanche, la jument, donne soit un petit coup de dent affectueux à l'étalon, le mordille ou le pince soit, dans un cas extrême, le mord vraiment sous l'effet de la colère.

Chacun de ces quatre gestes a une signification complètement différente. Lorsque la jument lui a donné un petit coup de dent, elle lui a dit : « Chéri, arrête », quand elle le mordille, elle dit : « Va-t'en, laisse-moi tranquille. » Puis, soit elle le pince avec les dents, soit elle le mord vraiment. Le pincement est le plus fréquent. Les dents et la tête sont projetées dans un mouvement précipité en avant ou dans une sorte d'oscillation et les dents heurtent l'autre cheval. Elles ne sont pas serrées et c'est plutôt un coup qu'une morsure, parce que le mouvement de la tête et de l'encolure sont semblables. Si la mâchoire se referme et se rouvre très rapidement, c'est le coup de dent. Mais le cheval peut aussi tenir bon, serrer les dents de toutes ses forces, bien que le cas soit très rare et ne se produise normalement qu'à l'état sauvage lorsque deux étalons se battent. Par contre, le pincement se voit très fréquemment ; il sert communément d'avertissement, mais s'il n'est pas pris en considération, le cheval continuera à donner des coups de dent et à mordre. Il est plus sage de tenir compte de l'avertissement, car un cheval qui vous saisit vraiment entre ses dents, vous blessera. S'il vous prend le bras il le cassera probablement. S'il vous attrape à l'épaule, il vous soulèvera et vous secouera –mais ce n'est pas fréquent, espérons donc que cela ne vous arrive jamais !

À la différence des yeux de l'homme qui ont leur propre langage, les yeux du cheval changent très peu d'expression. Ils n'indiquent que ce que le cheval regarde. En revanche les oreilles expriment une infinie variété de significations. Elles sont utilisées non seulement séparément, mais aussi associées à d'autres parties du corps, pour faire connaître une intention, pour attirer l'attention sur un objet ou un incident et essentiellement pour indiquer l'humeur du cheval. La plupart des gens savent que lorsqu'un cheval couche au maximum ses oreilles en arrière, c'est qu'il est hostile et vous prévient qu'il faut vous écarter. Lorsque les oreilles sont à mi-chemin entre la position dressée et la position couchée, cela signifie généralement que l'animal est détendu, et qu'il n'a aucune préoccupation particulière. Mais, si les oreilles sont intentionnellement –et non par hasard– orientées ainsi, cela signifie que le cheval vous observe et qu'il est peut-être à votre écoute si vous êtes derrière lui. Lorsque je monte un cheval que je forme, je lui parle presque tout le temps et le cheval garde les oreilles à moitié en arrière, pour écouter le son de ma voix. Je dis toujours qu'il écoute mes conseils de sagesse, mais, en réalité, il n'écoute que le son de ma voix. Le cheval peut aussi tendre ses oreilles d'un côté ou de l'autre pour attirer l'attention sur un objet. Il regardera un objet et semblera l'écouter en même temps, en tendant l'oreille, probablement pour guetter à la fois tout bruit ou mouvement suspect. Lorsqu'un cheval a les oreilles pointées aux trois-quarts, cela signifie : « Je suis bien éveillé et sur le qui-vive, allons-y » et, lorsque les oreilles sont complètement pointées, c'est que le cheval prête attention à un objet ou le regarde. Mais lorsque les oreilles sont raidies et pointées de côté, c'est une indication certaine que ce cheval va vous attaquer. Comme pour les oreilles couchées en arrière, cette position marque l'hostilité. À la différence près que, lorsque les oreilles sont aplaties en arrière, le reste du corps peut être en partie détendu, alors que si elles sont pointées de côté, chaque muscle du corps est, lui aussi, tendu. Il peut sauter, ruer, se cabrer ou encore vous attaquer avec les dents. Les oreilles vous indiquent l'humeur du cheval, neuf cent quatre-vingt-dix-neuf fois sur mille.

Nous possédions, il y a quelques années, un Cob gallois, pleins papiers, qui était complètement déséquilibré mentalement. Mais quoi qu'il se préparât à faire, il avait toujours les oreilles doucement dressées comme un bon et gentil cheval. Or c'est le pire cheval qui m'ait jamais été donné d'éduquer. Je l'ai vu sauter, se cabrer, se rouler, se renverser en arrière, tourner en faisant le saut-de-mouton, tourner en se cabrant, essayer de vous assommer contre un arbre, de vous écraser contre un mur, ruer et frapper avec ses antérieurs. Tout cela, d'un air aussi doux et innocent qu'un nouveau-né. Trois ou quatre personnes avaient essayé de le dresser, dont deux d'entre elles d'une façon très cruelle, et la troisième l'avait rendu complètement rebelle à l'homme. Au bout de trois mois, je pus en faire tout ce que je voulais, mais il restait encore dangereux pour toute autre personne. Les chevaux font très souvent le saut-de-mouton par plaisir, surtout lorsque leurs propriétaires eux-mêmes s'en amusent et, dans ce cas, le cheval saute avec les oreilles pointées. Mais ici, le saut-de-mouton est signe de *joie de vivre*, sans aucune intention de faire tomber le cavalier. Le vieux Cork Beg sautait ainsi quand ma femme le montait jusqu'à ce qu'elle se décide à rire, comme je l'ai déjà raconté.

La tête et l'encolure, utilisées ensemble, servent à attirer l'attention sur un objet, ou à communiquer l'intention d'aller dans une certaine direction. Lorsque l'encolure et les dents sont utilisées pour mordre ou pour pincer, c'est dans le but de menacer un autre cheval. Les jambes, les dents et la queue, bien sûr, sont généralement utilisées pour prévenir d'une mauvaise intention, mais il faut toujours se rappeler que le pied soulevé peut signifier : « j'ai mal au pied » tout autant que : « je vais te décocher un coup de pied ». La différence entre un avertissement et une menace bien définie est exprimée généralement par la vigueur du mouvement, et cela varie d'un cheval à l'autre, comme le degré de violence du langage chez l'homme. Un cheval peut lever la jambe, l'agiter sans que cela signifie quoi que ce soit ; un second cheval, faisant exactement la même chose, peut menacer nettement et réellement, et un troisième ne soulèvera son pied que de quelques centimètres au-dessus du sol, à titre d'avertissement ; si vous n'y prenez garde, vous risquez fort d'aller au tapis. La vigueur du mouvement chez le cheval ou la force du langage chez l'homme sont une question de personnalité et il faut connaître l'individu avant de pouvoir évaluer la force du message.

La peau du cheval parle aussi. Il s'en sert généralement pour donner une réponse : par exemple, si vous touchez une partie douloureuse du corps et que le cheval tressaille et sourcille, il dit : « Ça fait mal.» Parfois les chevaux contractent spontanément leur peau pour vous dire que telle partie du corps est douloureuse. Les muscles indiquent l'humeur du cheval. Selon que tel muscle est tendu et tel autre relâché, ils vous informent exactement de la partie du corps qui va réagir. Par exemple, si les muscles du dos sont tendus, cela indique que le cheval va faire un saut-de-mouton. La queue, de même, peut transmettre une mauvaise intention ou indiquer une réponse d'ordre sexuel (chez la jument) ; si elle est soulevée et portée haut, cela montre simplement que le cheval est en état d'alerte : cela veut dire : « Allons-y ! » La queue a tendance à être utilisée conjointement avec la tête et l'encolure : si la tête est levée, la queue le sera aussi, si l'encolure est détendue, la queue restera basse.

On doit aussi se rappeler que tous ces signes peuvent être et sont très souvent utilisés avec la partie vocale du message. Ce peut être seulement une forte inspiration ou un souffle à travers les naseaux, ou encore un cri de rage. Contrairement au registre vocal des messages, le nombre de signes diffère très peu d'un cheval à l'autre, mais combiné à la voix et à la perception extrasensorielle, le nombre des messages transmis par signes varie considérablement.

J'eus une des plus grandes émotions de ma vie lorsque j'étais dans l'armée. En revenant du continent, la première chose que je fis fut d'aller voir mes chevaux. Ils étaient en train de brouter au fond d'un pré de quatre hectares, long d'environ six cents mètres. Je me tins à la barrière et criai : « Venez, mes chéris. » Ils levèrent tous la tête et arrivèrent à fond de train, du bout du champ, menés par Fearless. Elle galopait, ventre à terre, l'encolure tendue en avant, les oreilles rabattues, la bouche ouverte. Bien qu'ayant dépassé huit ans, elle était encore capable de vous arracher un bifteck ou de vous frapper des antérieurs. Comme je m'étais trop avancé dans le pré pour pouvoir faire demi-tour, je m'immobilisai. Lorsqu'elle fut arrivée à moins de dix mètres de moi, elle enfonça ses quatre sabots dans le sol et s'arrêta en patinant. Puis elle avança de deux pas et me lécha de la tête aux pieds ; au bout de trois minutes, me voyant au bord des larmes, elle estima que cela suffisait. Et pour me montrer que tout était comme avant, elle me saisit avec les dents, me souleva et me secoua lentement d'avant en arrière et d'arrière en avant quatre ou cinq fois, puis elle me reposa sur le sol et frotta son nez contre moi. Je n'ai jamais éprouvé une telle émotion de toute mon existence. Cette démonstration d'affection avait revêtu une forme assez inhabituelle qui reste pour moi un souvenir extraordinaire.

Un de mes amis reçut également, un jour, une marque d'affection peu commune. Je lui avais vendu une très gentille jument, tranquille et douce. Il ne connaissait pas grand-chose aux chevaux. Cette jument et lui s'entendirent parfaitement pendant longtemps. Or, un jour, désespéré, il me téléphona. La jument n'allait pas bien. Serais-je disposé à venir ? Je me rendis aussitôt chez lui et lui demandai ce qui se passait. Il me dit : « Oh ! elle a l'air de bien se porter mais dès que j'entre dans l'écurie et que je la touche, elle crie, agite un postérieur et pisse. » Il m'emmena la voir. Sitôt entré dans l'écurie, je compris ce qui se passait. La jument était tout simplement en chaleur. Elle était tombée amoureuse de son nouveau propriétaire, comme si c'était un étalon, et elle lui témoignait son affection à sa façon.

VI

PETIT VOCABULAIRE DE LA LANGUE ÉQUINE

J'ai parlé de messages, de sous-messages (ou messages secondaires) et de variantes. Bien sûr, ces termes demanderaient à être précisés. C'est que la communication animale elle-même est quelque chose de très flou puisque l'interprétation d'un message est d'ordre personnel.

Un message, tel que nous le définissons, est une intention, une menace ou une question, un sentiment ou une affirmation exprimés par un cheval. Un sous-message est une réponse ou le développement d'un message. Le terme « variante » est un raccourci de l'expression, qui s'explique d'elle-même : « variation de la façon la plus habituelle de transmettre un message ou un sous-message ». Certains messages peuvent être transmis de différentes manières : par signes, par sons et par diverses combinaisons de ces deux modes d'expression. L'observation de quelque trois cents chevaux nous a permis de noter trente manières différentes de dire : « Bonjour ! » et trente de dire : « Où est mon déjeuner ? », mais le : « Je suis petit » du poulain ne s'exprime que de deux ou trois manières et la plupart des messages ont de six à dix variantes.

Dans notre dictionnaire de signes et de sons, nous ne les avons pas toutes inscrites mais, pour les besoins de la publication, nous avons réduit la liste à la façon la plus courante d'énoncer chaque expression. Les phrases utilisées par nous pour traduire un message donné sont claires : il n'y a aucune idée particulière derrière elles, quoique naturellement nous ayons essayé de traduire un message en utilisant les mots et les phrases que nous employons nous-mêmes. Vous verrez dans le dictionnaire que des messages similaires peuvent être traduits par deux ou trois expressions différentes, mais vous verrez aussi que si le contexte du message est différent, le message lui-même change. Ceci s'applique particulièrement aux messages qui sont presque des sous-messages, du fait qu'ils sont le développement d'une affirmation d'origine ; mais, puisqu'ils sont parfois utilisés seuls, nous les avons inscrits dans la liste des messages.

Quiconque s'intéresse à la communication chez les équidés devra de toute façon établir son propre dictionnaire et se servira naturellement de ses propres mots pour décrire chaque message. Il peut se dispenser de la distinction que nous avons faite entre messages et sous-messages, ou y faire entrer des commandements impérieux ou des variantes au titre de messages séparés. Étant donné que chaque cheval transmet ses messages oraux et visuels à sa façon, le dictionnaire de chaque usager s'établira différemment. Mais pour guider ceux qui désirent connaître leur propre cheval, j'ai inséré dans mon livre un bref condensé de mon propre dictionnaire.

J'ai tout d'abord dressé une liste d'expressions, en notant le nombre de messages secondaires afférents à chaque phrase et le numéro de référence du message. Ainsi, si vous désirez savoir comment un cheval dit : « Je t'aime » et quels sont ses deux sous-messages, vous le trouverez sous le numéro de référence 16 (colonne de droite).

EXPRESSION	**Nombre de messages secondaires**	**Numéro de référence du message**
Viens boire	1	24
Viens te battre	4	18
Viens prendre ton plaisir	–	20
Viens ici	1	5
Allons	3	11
Viens donc	–	37
Ne fais pas ça	2	25
Ne t'en va pas	2	6
Ne me laisse pas en rade	–	38
Ne t'en fais pas	–	32
Livre-moi passage	1	34
Va-t'en	2	12
Au secours	–	30
C'est moi qui commande	1	33
Je suis content	–	39
J'ai peur	–	28
Je suis ici	–	9
J'ai faim	3	36
Je suis le roi	–	19
Je suis petit	–	27
J'ai soif	–	26
Je suis fatigué	1	41
Je ne peux pas	1	42
Je te hais	2	17
Je t'aime	2	16
Je crois qu'il faut que je le fasse	–	43
Je vais ruer des quatre fers	–	44
Y a-t-il quelqu'un par ici?	–	7
C'est bon d'être libre	–	47

Allons-nous-en d'ici	–	29
Partons	1	40
Regarde	4	4
Maman t'aime	1	23
Oh mon Dieu !	–	31
Gratte-moi là	–	46
Arrête	2	13
Ça fait mal	1	14
C'est gentil	–	15
Ça me chatouille	–	45
Tu es là	–	10
Il n'y a que des filles sérieuses ici	5	22
Salut !	–	1
Qu'est-ce que c'est ?	2	3
Où es-tu ?	–	8
Où est mon repas ?	6	35
Qui es-tu ?	2	2
Tu n'as rien à craindre de moi	4	21

1. ***Salut*** reprend et regroupe tous les appels et tous les signes d'accueil dont se servent les chevaux et dont le plus habituel est le petit hennissement de salut. La force de l'appel et la vigueur du mouvement indiquent le degré d'urgence. Le contexte et le port de la tête et de la queue indiquent le but de l'accueil.

2. ***Qui es-tu?*** est employé par deux chevaux, étrangers l'un à l'autre, lorsqu'ils se rencontrent. C'est une extension de la phrase de bienvenue qui s'exprime par un reniflement ou le plus souvent en soufflant l'un vers l'autre. L'attitude des deux chevaux l'un à l'égard de l'autre est indiquée par la rudesse ou la douceur du souffle et le port de tête et de queue. Cette procédure conduit aux messages subordonnés : (1) *Je suis un ami*, exprimé en continuant de souffler doucement et autres

mouvements amicaux, ou (2) *Va au diable,* un coup de dents ou un pinçon par l'un ou l'autre cheval, un coup de pied contre le sol par un antérieur, une menace de ruer ou un cri perçant.

3. ***Qu'est-ce que c'est?*** est utilisé pour désigner des objets qui sont à portée immédiate, exprimé généralement par un reniflement de l'objet, mais un cheval peut toucher l'objet avec son sabot de devant. Ce geste conduit aux messages subordonnés : (1) *Tout va bien,* manifesté en approchant, inspectant puis ignorant l'objet étranger, ou (2) *C'est dangereux* qui se manifeste par la fuite ou par l'écart par rapport à l'objet ou en attaquant le danger.

4. ***Regarde*** est utilisé pour attirer l'attention sur un objet et se manifeste en levant la tête et la queue et en ronflant ou en hennissant pour attirer l'attention des autres chevaux.

Il y a un message similaire et subordonné à « regarde », c'est (1) *Qu'est-ce que c'est que ça ?* qui est dit en levant haut la tête, en dressant les oreilles et en regardant l'objet étrange. Il n'y a pas de son associé comme réaction secondaire à « Qu'est-ce que c'est que ça ? ». Les chevaux répondent soit *Tout va bien,* soit *C'est dangereux.* Un autre message secondaire est (2) *Allons de ce côté.* Le cheval dit cela en regardant dans la direction dans laquelle il veut aller et en se déplaçant dans cette direction. Un second cheval, répondant à *« Qu'est-ce que c'est que ça? »* regardera l'objet et, s'il le reconnaît, il dira : (3) *Il n'y a pas lieu de s'inquiéter* ou (4) *Attention,* se servant d'un reniflement ou d'un hennissement en guise d'avertissement.

5. ***Viens ici.*** Cela commence par un frémissement de salut qui s'élève à un ton impérieux. Il peut aussi se manifester en agitant la tête d'arrière en avant, s'il n'obtient pas de réponse. Le message peut se transformer en *Si tu ne viens pas ici, je te réduis en bouillie* qui se manifeste par un mouvement menaçant et attire la réponse (1) *D'accord, je viens* exprimée par un hennissement bas.

6. ***Ne pars pas.*** C'est un hennissement court ou long pour rappeler un compagnon. Il varie du court hennissement de bienvenue au hennissement de « Où es-tu ? » Il est souvent utilisé pour les messages secondaires. (1) *Où vas-tu ?* ou (2) *Attends-moi.*

7. ***Y a-t-il quelqu'un par ici ?*** Un hennissement fort, répété à plusieurs reprises. Il a une note interrogative et il est employé en levant haut la tête et la queue. Lorsqu'on y répond – avec un autre hennissement signifiant « Je suis ici » – le premier cheval lancera le message suivant :

8. ***Où es-tu ?*** qui peut être un message subordonné à « Y a-t-il quelqu'un par ici ? ». Lorsqu'il est utilisé par une jument qui cherche son poulain, ou par un cheval qui cherche son ami, *Où es-tu ?* devient un hennissement particulier.

9. ***Je suis ici !*** est un hennissement fort utilisé en réponse à « Y a-t-il quelqu'un par ici ? » Ce hennissement sera répété jusqu'à ce que les deux chevaux soient en vue l'un de l'autre. Il peut encore être utilisé comme message subordonné comme dans la séquence décrite en 7 et en 8.

10. ***Tu es là.*** Est utilisé à distance en réponse à « Où es-tu ? » C'est en général un hennissement, pendant que les deux chevaux s'approchent l'un de l'autre ; ce hennissement se changera en frémissement de bienvenue lorsqu'ils se rencontreront.

11. ***Allons !*** Utilisé lorsque deux chevaux broutent ensemble ou sont au repos et que l'un veut se déplacer ou jouer. Il indiquera son intention en poussant son compagnon ou en dansant autour de lui et en lui donnant un petit coup de dent. Il peut émettre un petit hennissement ou s'éloigner tout simplement, tout en espérant que son compagnon le suivra. Il peut obtenir les réponses suivantes : (1) *Ça va comme ça* manifesté par l'attitude peu empressée de son compagnon ; ou (2) *Oui, allons-y* – réponse enthousiaste – ou (3) *Va au diable, je n'en ai pas envie*, manifesté simplement par une réponse négative ou même par une menace ou une velléité de mordre.

12. ***Va-t'en.*** C'est un signe de défense qui n'a d'autre dessein que de protéger. Ce peut être une douce menace, faite avec les dents ou les postérieurs, et probablement avec un seul postérieur. Si l'on n'en tient pas compte, vient alors un avertissement plus ferme : *Va-t'en ou je te dérouille.* C'est un mouvement bien défini et hostile, suivi très vite de *Tu l'as cherché* qui est une tentative pour mordre ou décocher un coup de pied à celui qui vous harcèle.

13. ***Arrête ça !*** C'est une réponse à l'action d'un autre cheval ou d'un humain. Elle va d'un tressaillement de la peau à l'attaque d'un antérieur, à la ruade

ou la morsure. La réaction de l'adversaire est soit : (1) *Pardon* qui se manifeste par une évacuation rapide des lieux avec un air d'innocence outragée ou (2) *Je le ferai, si ça me plaît* qui se manifeste par une intensification de l'action déplaisante.

14. ***Ça fait mal,*** manifesté par une contraction ou un tressaillement de la peau et un écart pour se soustraire à l'agresseur. Il a un message secondaire (1) *J'ai mal au pied* qui se manifeste en levant le pied et en boitant. Les variations comprennent *J'ai mal au dos, J'ai mal à l'encolure, J'ai mal à la tête,* mais nous avons compris le tout dans un seul message secondaire.

15. ***C'est gentil !*** C'est la réponse à toute action qui fait plaisir au cheval, elle apparaît trois fois en message secondaire – elle est employée sous sa propre forme de message et comme une invitation à continuer. Elle se manifeste par une pression contre le partenaire et s'emploie lorsque deux chevaux sont en contact étroit ; peut être accompagnée d'un grognement de consentement ou d'une expiration.

16. ***Je t'aime.*** Nous employons cette phrase pour manifester une affection autre que maternelle ou sexuelle. Il y a plus de trente manières de le montrer, la plus habituelle étant un souffle doux par les naseaux ou un frottement avec le nez et la tête. Ceci attire la réponse (1) *Je t'aime aussi* ou (2) *Va-t'en.*

17. ***Je te déteste.*** Les signes et les sons utilisés dans ce cas sont différents de *Va-t'en* et sont d'une nature plus agressive que défensive. On utilise les antérieurs

et les dents, ce qui est un signe bien défini d'antipathie entre deux chevaux, et si cela attire la réponse (1) *Je te déteste moi aussi*, un combat s'ensuivra. Cela peut amener la réponse (2) *Pardon*, comme dans le message 13, les mêmes signes d'excuse seront utilisés mais ils comprendront aussi les actes défensifs, comme menacer des postérieurs ou d'envoyer un coup de pied à l'agresseur.

18. ***Viens te battre.*** C'est une réponse au défi lancé par un étalon et c'est un hennissement haut perché ou peut-être une exclamation de rage. Suivi par (1) *Je vais te mettre en pièces*, qui est compris dans la manœuvre préliminaire et dans la menace, pour essayer de s'assurer un avantage psychologique avant d'engager la bataille. Après le combat, celui qui a perdu dira : (2) *Pardon, je m'en vais.* Il le fait en fuyant, la queue entre les jambes et le vainqueur triomphant menace (3) *Si tu reviens, je te tue.* L'étalon ira ensuite rejoindre ses juments et leur dira (4) *Vous avez vu, les filles, comme je l'ai aplati.* Il peut faire cela en reniflant et en dansant autour de ses juments ; il peut aussi les emmener à l'abri. Ces cabrioles de triomphe sont aussi le fait d'une jument ou d'un cheval hongre qui a eu le dessus sur un autre cheval ou un homme.

19. ***Je suis le roi.*** Note claironnante de l'étalon, qui est, soit un défi, soit un appel à un groupe de juments. Il la répète en se dirigeant vers les juments.

20. ***Viens prendre du plaisir.*** C'est le hennissement utilisé par la jument en chaleur quand elle quitte le groupe pour rencontrer l'étalon, en réponse au coup de clairon.

21. ***Tu seras en sécurité avec moi.*** C'est la première phrase qu'emploie l'étalon et il l'exprime en soufflant à travers ses naseaux. À moins d'essuyer un refus définitif de la part de la jument, il continue de la sorte jusqu'à obtenir d'elle un gloussement de jeune fille. Lorsqu'il dit (1) *Tu me plais*, il le fait en titillant l'encolure et les flancs de la jument avec ses lèvres. Alors (2) d'une manière plus urgente, il dira *Faisons l'amour* en la pinçant avec ses dents. Puis il passera à (3) *Allons-y maintenant*, ce qu'il manifestera en lui agrippant l'encolure avec les dents, en essayant de la monter ou en la couvrant. Le prochain message secondaire sera (4) *C'était bon.* Après avoir sailli la jument il descend, arque son encolure et frotte son nez contre elle ; il peut aussi renifler ou manifester son affection d'une autre manière.

22. (Va-t'en) ***Il n'y a que des filles sérieuses ici.*** Cela peut se manifester par une action très agressive envers l'étalon. La direction des opérations sera prise par une jument dominante qui protège la vertu du reste du troupeau, contre un étalon trop jeune et plutôt inexpérimenté. Mais cette réponse peut se transformer en (1) un gloussement de jeune fille qui répond au « Tu seras en sécurité avec moi » de l'étalon. C'est un cri aigu de la jument et elle peut aussi agiter un postérieur ; ce qui peut mener à (2) *Qu'est-ce qu'on attend ?* C'est généralement l'expression d'une jument de grand tempérament qui urine et se campe, postérieurs écartés et queue relevée ; elle peut ouvrir et fermer sa vulve ou garder la vulve légèrement ouverte. Mais les juments sont aussi imprévisibles que les femmes dans leur réponse au mâle, et, dans ses ébats amoureux, la

jument peut passer très rapidement de « Va-t'en, je suis une fille honnête » à « Viens prendre du plaisir, qu'est-ce que tu attends ? » Tout cela dépend entièrement de la jument. Elle peut se servir des trois messages séparément ou commencer avec « Va-t'en » et utiliser les deux autres comme des messages secondaires. Quand ils ont fini de faire l'amour, elle peut dire (3) *C'était dur.* Elle dit cela en grognant, en haletant, en soufflant et en se plaignant très fort. Elle peut dire aussi : (4) *Est-ce tout ?* en se secouant et en s'éloignant pour aller brouter de l'herbe ou encore (5) *C'était agréable, recommençons.* Dans ce cas elle hennit et essaie de poursuivre les ébats amoureux.

Avec un peu de chance, ces événements conduiront, onze mois plus tard, au printemps, à la naissance d'un poulain ; c'est là qu'intervient un nouveau groupe de messages pour la jument qui prend soin de son petit. Le premier de ceux-ci est :

23. ***Maman t'aime.*** La jument promène le bout de son nez sur son poulain en soufflant doucement à travers les naseaux. Si son poulain a peur, elle le rassurera en disant (1) *Là, tu seras à l'abri.* Elle pousse le poulain contre son flanc, du côté opposé au danger.

24. ***Viens boire.*** Hennissement bas en écartant légèrement un postérieur offrant ainsi la mamelle au poulain. Si elle ne veut pas qu'il tète, elle dira en message secondaire (1) *Il n'y a rien là-dedans,* en repoussant le poulain avec le haut du postérieur ou la jointure du grasset ou son nez. Si le poulain n'est pas sage, elle dira :

25. ***Ne fais pas ça.*** Différent du « Arrête » que les chevaux utilisent entre eux, parce que « Arrête » est dit quand deux chevaux sont très près l'un de l'autre et, généralement, par signes. Mais la jument peut mettre son poulain en garde à distance, généralement par un hennissement vif, tandis qu'elle le menace de la tête. Suivi d'un *Maman t'a prévenu !* en élevant la voix et en augmentant la vigueur du mouvement. Si le poulain n'obéit pas, elle dira : *Bien, tu l'as cherché,* et punira, le plus souvent, en le pinçant avec les dents. Le poulain utilise bon nombre des messages des adultes, mais il en a deux qui lui sont propres.

26. ***J'ai soif,*** qu'il exprime en frottant son nez contre les flancs de la jument et en essayant d'attraper sa mamelle.

Lorsque le poulain est menacé par un cheval plus grand que lui, il dit :

27. ***Je suis petit.*** Dit en tendant droit la tête et l'encolure, parfois en relevant un peu le nez et en bougeant les lèvres, comme s'il tétait. Lorsqu'il fait cela, il est peu probable qu'un autre cheval lui fasse du mal.

28. ***J'ai peur,*** se manifeste par un reniflement ou un hennissement et, s'ils sont dans un enclos, les chevaux s'appuient l'un contre l'autre et se rassurent au contact du groupe.

29. ***Allons-nous-en d'ici*** est dit avec un ronflement ou un hennissement, la tête et la queue sont relevées haut, l'animal se tient prêt à fuir, ce qui à son tour

induira la réponse : « Oui, allons-y ! » ou « À quoi bon s'inquiéter ! »

30. ***Au secours !*** est un cri de frayeur très rare. Je ne l'ai entendu qu'une fois, mais on ne peut s'y tromper.

31. ***Oh mon Dieu !*** C'est une exclamation de douleur qui n'est émise que par un cheval en proie à une douleur insupportable. Cette fois encore, impossible de s'y méprendre.

32. ***Ne t'en fais pas*** est employé par un cheval tranquille pour calmer un cheval effrayé. Il peut se transmettre par un hennissement court, en offrant à l'autre cheval la protection de son corps ou simplement par un contact corporel rassurant.

Un autre groupe de sons se rapporte à la discipline du troupeau. Il y a, au sein du troupeau, une hiérarchie bien établie, allant de la jument dominante aux jeunes d'un an, les poulains de l'année étant généralement élevés par leurs mères. Même à l'état domestique, cette discipline du troupeau peut encore être observée dans un groupe. Le doyen du troupeau s'octroie la priorité sur la nourriture, la boisson et le mouvement et peut exiger le respect de ses droits par la menace.

33. ***C'est moi le chef*** est dit à un inférieur hiérarchique, généralement en menaçant de la tête et des dents. Il dira aussi *Recule* en agitant la tête et en menaçant un inférieur qui tente de le dépasser. Viendront ensuite *Je vais te mordre*, ou *Je vais te réduire en poussière*

en utilisant les dents et les antérieurs, et qui comprend l'éloignement de l'adversaire. Si le second cheval est socialement un égal il répondra à l'affirmation *C'est moi le chef* par (1) *Non, tu ne l'es pas,* qui s'exprime soit en ne tenant aucun compte de la menace, soit en menaçant l'autre en retour. Des messages similaires sont utilisés dans d'autres situations, par exemple : *Recule, je vais donner un coup de pied,* ou *Je vais mordre* peuvent être utilisés lorsqu'un cheval dominant mange et qu'un inférieur approche. Dans ce cas, il peut y avoir menace de botter.

34. ***Le passage !*** Dit par un cheval dominant qui fonce à travers un troupeau, en écartant les autres avec sa tête. Par contre, le message secondaire (1) *Excuse-moi* est utilisé par un inférieur lorsqu'il essaie de dépasser un chef.

Il existe un autre groupe de signes et de sons qui ont été développés par les chevaux au contact de l'homme. Bon nombre d'entre eux se rapportent à la nourriture. Le premier, probablement le plus ancien, est facile à comprendre.

35. ***Ça vient ce repas ?*** Se manifeste de multiples façons, depuis le petit hennissement de bienvenue jusqu'au coup donné à la mangeoire. Chacun sait comment son cheval s'y prend. Les messages secondaires sont nombreux (1) *Je veux de l'eau* souvent exprimé en bousculant le seau à eau et en hennissant, (2) *Je veux du foin* peut être dit en se dirigeant vers le râtelier d'un air dégoûté. Une fois servi (3) le cheval dit *Merci* en se servant généralement du hennissement de

bienvenue ou en disant *Je t'aime* et en témoignant son affection. Naturellement, il précise s'il aime ou non la nourriture que vous lui donnez en disant (4) *C'est agréable* en mangeant goulûment et en laissant choir un peu de nourriture de sa bouche ; ou si on le nourrit par petites quantités, il dira (5) *Donne-m'en davantage* en hennissant et en explorant votre poche et en vous poussant du nez pour vous faire rappeler qu'il est encore là. S'il n'aime pas ce que vous lui donnez, il dira (6) *C'est infect* en le recrachant, en fronçant les lèvres et en faisant des grimaces.

Alors que « Ça vient ce repas ? » est employé par des chevaux accoutumés à être alimentés régulièrement, un cheval qui n'a jamais été nourri par l'homme dira pour sa part :

36. ***J'ai faim ou soif,*** en hennissant dès qu'il vous aperçoit et en prenant l'apparence d'un animal famélique et piteux. Le message secondaire est (1) *Je suis trempé* qui est semblable et s'exprime en restant sous la pluie la tête basse et l'air malheureux. Si un cheval doit sortir sous la pluie, il dira (2) *Quelle horreur !* en détournant la tête de la pluie et en avançant avec répugnance et dégoût. Il peut dire aussi (3) *J'ai froid* en frissonnant et en prenant un air malheureux.

Lorsque vous montez un cheval, il s'établit entre vous et lui un contact continuel et un échange de messages. Nous laisserons de côté les messages du cavalier pour communiquer ses désirs, car c'est affaire de goût et d'entraînement ; et nous avons déjà traité bon nombre de signes utilisés par le cheval, parce que les chevaux les utilisent aussi entre eux ; mais ils s'en servent également pour communiquer avec l'homme. Le premier signe particulier au cheval de selle est :

37. ***Tu viens ?*** dit en hennissant et en dansant un peu pour montrer son impatience de sortir et de se distraire. Un compagnon laissé en arrière criera :

38. ***Ne me laissez pas à la traîne.*** Cela est dit avec un hennissement et le cheval peut tenter de démolir la porte de l'écurie dans son anxiété de suivre ses compagnons. Une fois parti, votre cheval peut dire :

39. ***Cela me plaît bien***, ce qu'il exprime en caracolant ou en avançant, la tête et la queue hautes, et en montrant sa satisfaction ; s'il se sent particulièrement bien, il montrera sa joie de vivre de façon évidente, *Je me sens bien*, en cabriolant et en poussant un petit cri ou en amorçant un saut-de-mouton.

40. ***Allons-y !*** se dit en gambadant et en prenant la main et en manifestant un désir d'aller plus vite. Un message secondaire est *Oui, allons-y !* manifesté par une réponse enthousiaste à une requête ou à un ordre de faire quelque chose. Après avoir travaillé, il peut être fatigué et le dira aussi d'une manière sur laquelle on ne pourrait se méprendre.

41. ***Je suis fatigué.*** Il communiquera par la manière de se comporter. Le message secondaire est (1) *On ne recommence pas.* Il le dit par sa répugnance à répéter une action. Bien sûr, tous les chevaux ne sont pas bien disposés et pleins d'ardeur et il peut leur arriver de refuser quelque chose et de répondre :

42. ***Je ne peux pas,*** en refusant de faire quoi que ce soit. Le message secondaire (1) *Je ne veux pas* ne diffère de « Je ne peux pas » que parce que vous savez parfaitement bien qu'il *peut* le faire. Alors, si vous arrivez à le persuader, il peut consentir en disant :

43. ***Il faut bien que je le fasse*** et il manifestera sa répugnance de la façon dont Shakespeare a décrit l'écolier « qui à la vitesse de l'escargot se rend à contrecœur à l'école ». Mais avant de capituler, il peut menacer :

44. ***Je vais faire un saut-de-mouton.*** Il pointe les oreilles de côté, arque le dos et fait comme s'il allait sauter. Il y a des messages similaires, *Je vais me cabrer*, dit en rejetant la tête en arrière et en soulevant les antérieurs du sol, *Je vais ruer* et *Je vais m'emballer.*

45. ***Ça me démange.*** Il le dit en contractant la peau, il peut balancer une jambe, taper du pied ou pousser un cri aigu.

46. ***Gratte-moi là.*** Il le manifeste en frottant l'endroit de la démangeaison. S'il est avec un autre cheval, il grattera l'autre cheval avec ses dents, pour lui montrer où il veut être gratté.

Enfin voici le dernier message. Quand on met un cheval dans un pré il dit :

47. ***C'est bon d'être libre !*** Et la joie de vivre est une chose que chaque cheval exprime à sa façon.

VII

WEEPING ROGER *
ET LA PERCEPTION
EXTRASENSORIELLE

Dès le début de nos recherches, nous avons réalisé que, chez le cheval, « l'air et la manière » de délivrer un message étaient essentiels pour en interpréter le sens. Mais nous avons aussi très rapidement découvert qu'il y avait quelque chose de plus dans la façon dont nous recevions les messages de nos animaux. Si « l'air et la manière » de lancer le message nous donnaient des indices, il y avait aussi des moments où nous en connaissions instinctivement le contenu. Nous constatâmes que, même lorsque nous ne pouvions ni voir ni entendre un cheval, à certains moments de grande tension ou de difficulté, nous pouvions ressentir le malaise et savoir que quelque chose n'allait pas bien.

Bizarrement, la première fois que cela arriva, après avoir commencé nos études sur la communication animale, il ne s'agissait pas d'un cheval mais d'une vache. Normalement, j'ai un sommeil de plomb et je n'entends rien, mais cette nuit-là je m'éveillai avec un

* Roger-qui-pleure.

sentiment très puissant de malaise et j'allai voir les animaux. La vache vêlait, mais c'était un accouchement par le siège, fort délicat. En y réfléchissant par la suite, j'en conclus que j'avais été réveillé par le sentiment que quelque chose n'allait pas et que mon subconscient avait été attiré vers l'endroit où se trouvait la vache. Ceci fit prendre à ma réflexion une nouvelle tournure et j'arrivai à la conclusion, assez surprenante, que je pouvais mieux ressentir les états d'âme des chevaux que les voir ou les entendre. C'est ce que nous appelons la perception extrasensorielle, perception qui se situe hors des limites de nos cinq sens habituels. Et nous nous sommes rendu compte que les animaux pouvaient utiliser cette faculté pour transmettre leur humeur, leurs émotions et certaines représentations limitées. Comme cette forme de communication est associée à d'autres – les sons et les signes –, on peut l'assimiler à l'air et la manière de parler chez un être humain, mais c'est encore autre chose, parce que vous *connaissez* l'humeur de l'animal et la sentez dans votre for intérieur. Si un cheval est excité, vous le ressentez et le cheval sentira si vous êtes déprimé ; c'est plus une question d'instinct que de vue, d'ouïe ou de toucher.

Cette partie de notre travail soulève d'importantes controverses. On m'a prévenu que de m'aventurer sur un sujet aussi scabreux risquait de discréditer tout notre travail sur la communication. On m'a souvent dit que si ce travail sur les signes et les sons était positif et novateur, mon engagement concernant la perception extrasensorielle des animaux risquait de le rendre suspect – et qu'on pourrait même nous assimiler aux charlatans ou aux artistes de music-hall ! Si les scientifiques tergiversent depuis un demi-siècle sur le fait que la perception extrasensorielle existe ou non, pourquoi ne nous empresserions-nous pas, là où quelques érudits craignent de s'avancer, de proclamer que non seulement elle existe, mais qu'elle fait partie intégrante de la communication entre les animaux ?

Je maintiens donc mon point de vue, le scepticisme de quelques scientifiques ne suffisant pas à invalider mes conclusions. Avant que Faraday n'entreprenne ses expériences sur les grenouilles et la batterie à cellule unique, il ne fait aucun doute qu'une partie du monde scientifique prétendait que l'électricité n'existait pas, – comme tout nouveau terrain de recherche est considéré suspect par les scientifiques conservateurs. Notre propre expérience nous a donné l'absolue conviction que la perception extrasensorielle existe et nous avons prouvé son existence, d'une façon qui, en tout cas, nous satisfait. Nous savons que nous ne pouvons pas avoir avec les chevaux une communication complète sans utiliser la perception extrasensorielle. Nous savons que les chevaux s'en servent pour communiquer les uns avec les autres. Par conséquent, nous devons continuer nos recherches dans ce sens et je ne serais pas sincère si je n'en tenais pas compte dans l'exposé des travaux que nous avons accomplis sur le cheval. En fait, poursuivre une recherche sur la communication équine, *sans* tenir compte de la perception extrasensorielle et de la télépathie, équivaudrait à vouloir apprendre l'anglais en se bornant à l'étude des noms et des verbes, et en prétendant que les adverbes et les adjectifs n'existent pas. Nous devons étudier la communication équine dans son ensemble.

Un autre point de discussion concernant notre travail sur la perception extrasensorielle chez les chevaux a trait au degré de perception inconsciente qui y est impliqué. Lorsque vous percevez consciemment – et c'est là l'objet de la discussion –, vous pouvez consciemment voir, entendre et comprendre les signes et les sons émis par le cheval. Mais vous vous servez aussi jusqu'à un certain point de la perception inconsciente en ce sens que, sans savoir consciemment que vous le faites, vous voyez et entendez certaines choses qui vous permettent de comprendre le message que le cheval essaie de transmettre. On nous accuse de confondre, dans une certaine mesure, perception inconsciente et perception extrasensorielle. Nous avons compris que, dans un grand nombre de cas, quand vous vous occupez d'un cheval, vous l'observez inconsciemment et prévoyez ce qu'il va faire et vous avez tendance à ramener votre compréhension à « l'instinct ». De même, sans aucun doute, un troupeau de chevaux se rendra compte inconsciemment de ce que vous éprouvez, simplement à l'expression de votre visage, à la façon dont vous marchez et à votre comportement. Tout cela est du domaine de la perception inconsciente et nous savons qu'il en est ainsi ; c'est pourquoi nous l'avons, à tort ou à raison, inclus dans la perception extrasensorielle, car il est extrêmement difficile de déterminer quelle est la frontière exacte entre la perception inconsciente et la véritable perception extrasensorielle.

Nous avons donc fait un certain nombre d'expériences spécifiques sur la perception extrasensorielle, dont l'une concernait la nourriture et était faite entre deux chevaux qui n'avaient pas de contact visuel ou auditif l'un avec l'autre ; mais nous ne pouvons pas être absolument certains que le sens auditif de notre cheval ne lui permettait pas de percevoir inconsciemment des bruits lointains, et encore moins pouvons-nous être certains qu'une part de la communication équine n'est pas la perception inconsciente de certains sons considérés normalement comme inaudibles. Nous sommes amenés à croire par d'autres recherches scientifiques que l'oreille du cheval est à peu près la même que la nôtre et que le cheval n'entend pas les ultrasons : ou plutôt des expériences scientifiques antérieures sur les chevaux n'ont montré aucune réaction aux ultrasons. Par ailleurs, il est très possible qu'il y ait certains sons inaudibles pour nous qu'un cheval entendra inconsciemment, bien que nous ne pensions pas qu'il en soit ainsi. Par contre, il n'est pas sans signification que dans nos expériences nous n'ayons eu de résultats concluants qu'avec ce que nous appelons des couples empathiques.

Ce qui est sûr c'est qu'un cheval ne peut pas communiquer mentalement avec n'importe quel congénère, de la même manière qu'un être humain ne peut pas communiquer mentalement avec n'importe quel autre être humain. Ce n'est que lorsque l'on est très proche de quelqu'un que l'on peut être capable de sentir ce qu'il éprouve sans le voir et sans lui parler. Lorsque deux chevaux sont mentalement et émotionnellement sur la même longueur d'onde, ils peuvent sentir ce que l'autre pense et ce que l'autre fait.

C'est une pratique commune des éleveurs de chevaux, en présence d'un cheval affolé ou nerveux, d'utiliser un autre cheval confiant et détendu pour lui donner confiance et le détendre. Nous recevons souvent sept ou huit Cobs de trois et quatre ans, chevaux et poneys, qui n'ont jamais été débourrés et sont complètement sauvages et nous avons un ou deux procédés pour les calmer. L'un consiste à approcher le Cob le plus calme, très doucement, et à le tranquilliser de façon que, lentement, les autres chevaux du groupe se calment, en accord avec le cheval dont nous nous occupons. La seconde méthode, celle à laquelle nous avons recours le plus souvent, est de mettre les poneys sauvages ensemble dans la même stabulation, avec un ou deux de nos propres chevaux. Nous les laissons une demi-heure pour qu'ils s'accoutument les uns avec les autres, puis nous nous rendons auprès d'eux. Ils se dispersent, essayant de nous échapper, mais notre cheval s'approche de nous et nous lui parlons et lui offrons quelque chose de bon ; nous pouvons alors, peu à peu, sentir les autres se détendre. Il leur donne confiance en nous et en eux.

Il est donc évident que les chevaux sauvages se détendent jusqu'à un certain point au contact d'un autre cheval. Mais nous avons découvert que nous pouvions faire exactement la même chose avec des chevaux qui ne peuvent ni se voir ni s'entendre l'un l'autre *à condition que les deux chevaux forment un couple empathique*, c'est-à-dire qu'ils soient mentalement en accord. On peut calmer un cheval en détendant l'autre ou exciter un cheval en excitant son compagnon.

C'est une de nos expériences standard. Elle est en réalité fondée sur un truc aussi ancien que le contact de l'homme avec le cheval. Un des premiers livres sur le dressage à l'attelage enseigne de prendre un débutant et de l'apparier avec un vieux cheval qui apprendra au jeune à travailler. Cette méthode est en usage depuis des siècles. Les gauchos d'Amérique du Sud, lorsqu'ils veulent prendre en main un troupeau de chevaux, mettent une vieille jument avec eux à laquelle ils attachent une clochette. Les autres chevaux suivent la vieille jument et elle les mène aussi tranquillement que sûrement. Les gauchos repèrent le troupeau grâce à la cloche et, grâce à la vieille jument, il est possible de faire entrer les jeunes chevaux dans un enclos.

Dans mes premiers souvenirs de chevaux éduqués à la maison, je vois encore Black Beauty, notre ponette faire le « maître d'école ». Pendant quinze ans, nous avons aussi utilisé Cork Beg à cette tâche. Le vieux cheval calme le jeune, et le jeune imite son aîné. Lorsqu'on demande à un jeune cheval de faire une chose nouvelle, sa première réaction est de dire « Je ne peux pas ». Voir un autre cheval le faire lui montrera que ce n'est pas impossible ; mais qu'un autre cheval puisse le faire ne suffira pas à le convaincre de ses propres capacités, il peut encore objecter : « Je ne peux pas.» Cependant s'il sent que l'autre cheval le fait *avec plaisir*, il voudra lui aussi avoir ce plaisir et c'est là qu'intervient la perception extrasensorielle.

La perception extrasensorielle entre les animaux n'est pas un processus mental conscient ; c'est, dans une certaine mesure, un réflexe automatique. Si un vieux cheval de chasse à courre entend le son d'un cor, et les aboiements des chiens au loin, il se sent excité. Et si ce cheval a, à ses côtés, un compagnon qui n'a jamais entendu le tumulte des chiens et ne sait pas ce que signifie l'appel d'un cor de chasse, ce compagnon sera lui aussi gagné par l'excitation. L'excitation du vieux cheval est un réflexe automatique et l'excitation du jeune, elle aussi, y répond automatiquement. Si vous entrez dans une écurie et effrayez un cheval, son compagnon « empathique » montrera lui aussi des signes d'inquiétude, même s'il se trouve ailleurs, à un endroit d'où il ne peut ni voir ni entendre.

Un couple « empathique » est un couple de chevaux proches l'un de l'autre mentalement et émotionnellement et ce phénomène se produit de deux manières. Ou bien les chevaux peuvent tout simplement se trouver automatiquement en accord l'un avec l'autre dès leur première rencontre. Ce sont probablement des chevaux du même sang ou du même type. Ou bien leur accord est le fruit d'un compagnonnage étroit et constant. Au début, ils pensent, en gros, selon les mêmes schèmes mentaux, mais un contact quotidien les conduit à une « empathie » complète. Si vous avez deux pur-sang et les mettez avec une troupe de poneys, ils deviendront, avec le temps, un couple « empathique ». Ou si vous avez une jument et un cheval hongre et les mettez ensemble pendant longtemps, peut-être plusieurs années, ils peuvent eux aussi, au bout d'un certain temps, réagir comme un seul animal. Un couple « empathique » est fait de deux chevaux qui « pensent » littéralement comme un seul. L'analogie la plus proche que je puisse trouver est celle de deux diapasons. Si vous frappez un diapason, il vibre et si vous placez un diapason exactement semblable à côté du premier, il se mettra aussi à vibrer à l'unisson. Si le second diapason n'est pas exactement semblable – disons qu'il donne la note *ré* alors que l'original donne le *mi* – la résonance sera moins marquée. Et plus le second diapason est éloigné de la note du diapason original, moins le second diapason vibrera. Il en va de même de la perception extrasensorielle et de « l'empathie » : si l'on excite un cheval d'un couple empathique, l'autre, bien que n'étant pas en contact physique avec le premier, répondra lui aussi au stimulus. Moins il y aura de sympathie entre les deux chevaux, moins on obtiendra de réponse ; et avec deux chevaux qui ne sont pas du tout en accord mental, on n'en obtiendra absolument aucune !

J'eus très jeune ma première expérience de ce phénomène. En même temps que Beauty, nous avions, depuis très longtemps, parmi d'autres poneys, un poney qui s'appelait Bill the Baby*. Lorsque Bill ne voulait pas se laisser attraper, nous ne pouvions pas attraper Beauty et, un nombre incalculable de fois, j'ai acculé Beauty et Bill dans un coin du champ pour essayer de les attraper. Je les approchais et ils restaient immobiles et me regardaient tout contents ; dès que je me trouvais entre cinq et huit mètres d'eux, et sans que je puisse discerner le moindre signal entre eux, l'un détalait à ma gauche, l'autre passait à ma droite et jamais je ne les ai vus essayer de prendre tous les deux la même direction. Ils démarraient exactement au même instant, de sorte qu'il n'y avait aucun moyen de les arrêter, et il se passa bien vingt ans avant que je me rendisse compte de la façon dont ils procédaient. Je passai des heures et des heures à essayer de détecter le signal qu'ils se donnaient, afin de pouvoir les arrêter avant, mais je n'y parvenais pas. Je peux, jusqu'à un certain point, lire ces signaux à présent mais maintenant j'ai suffisamment d'expérience pour ne jamais tenter de coincer un cheval ; lorsque je veux l'attraper, je le fais venir à moi.

Il y a encore beaucoup à faire avant de savoir comment un cheval communique avec un autre au moyen

* Bill le Bébé.

de la perception extrasensorielle, et comment l'homme peut communiquer mentalement avec un cheval ou avec un autre humain. Nous savons également très peu de chose de la raison pour laquelle une personne possède cette faculté et pas une autre. Les Russes et les Américains ont beaucoup travaillé sur la perception extrasensorielle et la télépathie entre les humains, principalement sur la télépathie qui est, de loin, le phénomène le moins courant. Mais, en dehors de la nôtre, il y a très peu d'études sur la perception extrasensorielle entre les animaux. Et, je me dois de le faire remarquer, nous n'avons fait que gratter la surface du sujet. Nos recherches se sont limitées à la communication entre un cheval et un autre, et entre un cheval et un homme. Mais nous avons découvert que, si quelqu'un veut étudier la communication animale, il est essentiel qu'il commence par travailler sur un seul cheval, avec lequel il est mentalement en harmonie. Normalement, si vous passez en revue des chevaux lors d'une vente, vous constaterez que la plupart se tiennent apparemment à l'écart, mentalement et physiquement. Mais, occasionnellement, vous pourrez voir deux chevaux, le plus souvent de type ou d'origine semblable, qui se comportent amicalement l'un avec l'autre et se parlent. Il s'agit probablement d'un couple naturellement empathique.

À l'état sauvage, lorsqu'un cheval étranger s'approche, la réaction naturelle du troupeau est de le rejeter ; même un cheval domestique, quand vous lui présentez un cheval étranger, réagira en lui donnant un coup de dent et le priera de décamper. En fait il lui dira : « Ici c'est chez nous, fiche le camp : c'est notre territoire. » Telle est la réaction naturelle et automatique du cheval ; elle rejoint celle de l'homme. Observez simplement les voyageurs d'un compartiment de chemin de fer : chacun reste assis dans un isolement défensif. Cependant, un couple naturellement empathique abandonnera cette attitude de réserve.

Ce n'est que lorsque vous aurez acquis un cheval avec lequel vous pensez vous accorder mentalement et que vous aurez fait l'acquisition d'un autre cheval qui est en accord avec lui, que vous pourrez commencer votre travail. Vous débuterez en vous concentrant sur un essai de communication mentale avec votre sujet et en même temps vous observerez son comportement envers son compagnon.

Le premier cheval avec lequel je pense avoir partagé cette empathie s'appelait Weeping Roger. J'ai déjà dit un mot des circonstances extraordinaires de ma rencontre avec lui, un jour, sur le marché d'Exeter. Je jetais un coup d'œil sur les chevaux, tout en bavardant avec un de mes amis, lorsque soudain, derrière moi, je sentis une sorte de détresse envahir mon esprit et mon corps, comme si quelqu'un ou quelque chose criait : « Au nom du ciel, sors-moi de là. » Je me retournai, il y avait là un cheval sur le point d'entrer sur le ring, un pur-sang bai, au poil terne, aux oreilles longues, à moitié famélique, toisant 1,65 m. Il fallait que je l'achète ! Mon épouse qui se trouvait à quelque distance comprit ce qui était en train de se passer et, se rendant compte qu'un mal incurable requérait un remède désespéré, elle eut recours à une jeune fille très séduisante qu'on venait de lui présenter. Pendant ce temps, Roger était dans le ring et je suivais les enchères. Elle prit par le bras l'infortunée jeune personne et me l'amena, espérant distraire mon attention du cheval. La pauvre enfant n'eut de moi qu'un regard et un « Bonjour » puis je tournai le dos et continuai d'enchérir. Par bonheur, il y avait peu d'amateurs pour un pur-sang squelettique de 1,65 aux grandes oreilles, et je l'obtins pour 40 livres.

Je le ramenai à la maison ; ayant appris qu'il avait séjourné à Exmoor tout l'hiver (on était fin février), je le rentrai au box et commençai à le suralimenter. Je l'amenai chasser avec les chiens trois ou quatre jours plus tard. Cela lui plut beaucoup et je chassai avec lui encore une douzaine de fois avant la fin de la saison. Et puis, dix jours avant la course au clocher de Cotley, le cheval que je devais monter dans le parcours de chasse mourut. J'inscrivis donc Roger.

Le jour de la course, j'avais tellement honte de son état et de son aspect que je ne le sortis du camion qui l'avait amené qu'à la toute dernière minute ; je le menai directement au paddock, un seul tour de présentation suffit et je pris le départ. Dans cette course, je faisais toujours un pari d'une demi-couronne avec mon ami, Pat Frost, sur qui terminerait le premier. Mais, cette fois, j'avais si peu confiance en ma monture que je posai comme condition que le perdant aurait un double scotch après la course. Je me croyais très malin. Douze ou quinze chevaux étaient engagés, pour autant que je me rappelle, et le départ manquait d'ensemble, mais nous partîmes, moi sur Roger, du fond du terrain.

Dans la course de Cotley, on gravit d'abord une éminence pendant un kilomètre, puis on redescend vers l'arrivée, puis on remonte la colline. Le temps d'arriver au sommet de la colline la première fois, j'étais à deux longueurs derrière le dernier cheval mais Roger filait bon train, sautant les haies avec enthousiasme et, lorsque nous redescendîmes, je fus surpris de voir que nous étions à une place raisonnable par rapport à l'ensemble des participants. Nous passâmes l'arrivée au bas de la colline et remontâmes de l'autre côté, nous dépassâmes alors le dernier concurrent. Je me dis : « Tant mieux, je ne serai pas le dernier. » Mais nous remontâmes un autre cheval, puis un autre et un autre encore. Le temps d'arriver au sommet de la colline, il n'y avait plus que deux chevaux devant nous et je me dis que c'était le moment d'attaquer, car c'est à peine si Roger transpirait. Je le poussai donc et le lançai à la poursuite des deux cavaliers à une demi-haie devant et, lentement et implacablement, je m'aperçus que nous les rattrapions. À trois haies de la fin, le second tomba et, le temps d'arriver au poteau, nous étions à trois longueurs du vainqueur. J'avais peine à croire que ce cheval aussi décharné ait pu battre quelques-uns des meilleurs chevaux du Sud-Ouest de l'Angleterre. Roger dansait littéralement en passant le poteau d'arrivée, comme s'il avait gagné le Grand Prix national, la tête et la queue relevées et ne posant jamais plus d'un pied à la fois sur le sol. Nous entrâmes dans le paddock où l'on dessellait et il me fallut cinq bonnes minutes pour lui enlever sa selle, tant il dansait de fierté et d'excitation.

Après quoi, je décidai de l'entraîner pour la course, car je soupçonnai avoir là un très bon cheval. Chaque matin, après le petit déjeuner, je le menais à l'entraînement et, comme il faisait très froid et que je n'avais jamais de gants sur moi, je mettais mes mains dans mes poches et elles y restaient jusqu'à ce que je rentre à la maison. Je le dirigeais entièrement par perception extrasensorielle. Je pouvais le faire trotter, aller au pas, tourner à gauche, à droite, au moyen de la seule concentration mentale.

Roger possédait une autre qualité fort utile. C'était une nounou de tout premier ordre. Ma fille Paddy qui avait environ dix-huit mois adorait les chevaux et le moyen le plus sûr de la faire tenir tranquille et de lui faire plaisir était de la déposer sur la paille dans le box de Roger et de la laisser jouer sous sa mangeoire et autour de ses pieds. Elle apprit à marcher en se hissant à sa queue et en allant d'un pas mal assuré d'une de ses jambes à l'autre. Quand elle tombait et se cognait, Roger lui soufflait dessus, elle roulait sur le dos, et retrouvait toute sa bonne humeur. Mais nous ne réussîmes jamais à lui donner bonne apparence et nous avions honte, chaque fois que nous le faisions courir, de son allure lamentable au paddock; notre unique consolation était que plus il avait l'air minable au paddock, mieux il allait courir. S'il trébuchait et paraissait devoir faire un effort pour se traîner jusqu'au départ, nous savions qu'il se distinguerait et que nous pouvions parier sur lui.

J'ai gagné avec lui deux ou trois courses et j'ai toujours pris plaisir à le monter parce que c'était un sauteur extraordinaire et qu'il adorait courir.

Peu après la course au clocher de Cotley, un ami offrit de me l'acheter pour 300 livres. Je ne souhaitais pas le vendre mais je dus le faire examiner par le vétérinaire pour l'assurer. Le vétérinaire, Bill Martin, examina ses membres à l'écurie puis le sortit pour examiner son cœur au repos. Il l'ausculta pendant quelques secondes et dit: « Dieu du ciel, remettez-moi vite cette saloperie à l'écurie avant qu'elle tombe raide. » J'écoutai à mon tour et j'entendis le battement de cœur le plus irrégulier qui soit: lent, lent, vite, vite, lent mais c'était encore moins régulier que cela, son cœur battait très très vite et puis très très lentement. Comment arrivait-il à marcher et, plus encore, à courir... c'était foncièrement incompréhensible. Mais, puisque Bill disait qu'il pouvait tomber raide d'un instant à l'autre, aussi bien dans le pré qu'en compétition, et que ce cheval adorait les courses, nous décidâmes de continuer à le faire courir. Lorsque nous quittâmes le Devon pour le Pays de Galles, il fut vendu un prix insignifiant à une de nos connaissances qui voulait un cheval pour faire débuter son fils dans des courses au clocher. Il ne courut sa dernière course que huit années plus tard à la course au clocher de Cotley, à l'âge de dix-sept ans, et arriva second encore une fois.

J'étais toujours à l'unisson avec lui. Une fois, il m'éveilla à trois heures du matin. Je sus simplement qu'il s'était passé quelque chose et, lorsque je sortis pour aller le voir, je m'aperçus qu'il avait de violentes coliques. Lorsque j'eus constaté que je pouvais communiquer avec lui, je commençai à tenter de communiquer avec d'autres chevaux, en concentrant toute mon attention sur le cheval que j'essayais d'atteindre mentalement, me ménageant, selon mon idée, une « longueur d'onde » disponible pour ce cheval. Après avoir ainsi travaillé pendant environ quinze ans, je me rends compte que je peux percevoir à peu près tout, à l'exception des poneys de petite taille.

Mon expérience n'est pas unique. Après tout, le lien entre l'homme et le cheval remonte à l'Antiquité, avant même l'invention de l'écriture. L'histoire que je préfère, et qui semble exprimer l'essence de toutes les légendes sur ce coursier fidèle, est celle d'un soldat français pendant une bataille de Napoléon contre les Autrichiens. Il était blessé et couché dans un champ lorsque soudain son cheval, qu'il n'avait pas monté ce jour-là parce qu'il boitait, apparut à ses côtés, s'étant échappé des lignes. Le soldat se hissa sur son dos et le cheval le ramena à son unité, où ses camarades le reçurent évanoui en travers du dos nu du cheval, sans bride, sans licol, sans selle.

La faculté qu'a l'homme de ne faire qu'un avec le cheval est également bien illustrée par l'histoire de l'esclave américain qui attrapait les mustangs sauvages en allant nu dans la région où ils erraient en troupeaux et en vivant avec eux. Il commençait par s'approcher à deux ou trois cents mètres du troupeau et restait là. Lorsque les chevaux se déplaçaient, il se déplaçait avec eux. Lorsqu'ils allaient boire, il allait boire aussi. Lorsqu'ils broutaient, il s'allongeait à côté du troupeau occupé à paître. Il allait chercher sa nourriture auprès d'un arbre où on la lui déposait, à un ou deux kilomètres du troupeau. Puis, une fois sa position sociale bien établie, il repoussait ou conduisait les mustangs dans un enclos préparé à leur intention. En agissant simplement comme s'il était l'un des leurs, en pensant comme un cheval, en se comportant comme un cheval, en n'ayant aucun contact avec l'homme, il gagnait leur confiance et pouvait ainsi, à lui seul, capturer un troupeau complet de chevaux sauvages.

VIII

DU TRAITEMENT DES CHEVAUX PAR LA DOUCEUR

J'ose à peine croire, qu'en dehors de mon propre travail, aucune recherche d'aucune sorte n'ait été faite sur la communication des chevaux entre eux, et bien peu sur le problème crucial du contrôle des chevaux : c'est-à-dire sur le meilleur mode de communication entre l'homme et le cheval. L'état de nos connaissances sur la façon de communiquer, même avec les chevaux que nous montons, est très pauvre : nous savons que, si l'on frappe un animal, il s'échappe, si on résiste sur les rênes, il a tendance à s'arrêter, si l'on attire sa tête vers la gauche, il aura tendance à aller à gauche, si l'on attire sa tête vers la droite, il aura tendance à aller à droite. La conduite des chevaux de nos jours est une extension de ces quatre mouvements, avec, en plus, le raffinement qui consiste à apprendre à votre cheval à répondre à un ordre verbal en répétant cet ordre un très grand nombre de fois. C'est, pour l'essentiel, ce que l'on entend par « entraînement » d'un cheval. Le fait que la première étape de son éducation se nomme « breaking »* (débourrage) suffit à résumer l'attitude de

* (*N.d.T*) En anglais *breaking* : débourrage (du verbe *to break* : briser, casser).

l'homme envers le cheval pour qui « débourrer » un cheval repose sur trois principes :

1. Si un cheval répond de façon incorrecte à une incitation, il doit être puni.

2. S'il répond correctement à une incitation, il doit être récompensé.

3. Il doit être amené à faire ce que vous voulez qu'il fasse, par la force, si besoin est.

Il y a comparativement peu de chevaux auxquels on ait consacré beaucoup de temps en utilisant cette méthode d'entraînement et la méthode, réservée comme il se doit au petit nombre, car coûteuse, a fini par trouver sa forme écrite. Mais, même aujourd'hui, on entraîne la plupart des chevaux en appliquant ces mêmes principes d'une manière plus grossière qui revient meilleur marché : un gars, brave et hardi, monte le cheval jusqu'à ce qu'il s'en trouve éjecté et le cheval est forcé de faire ce qu'on lui dit jusqu'à ce que, à force d'épreuves, erreurs, récompenses diverses et punitions, il finisse par se laisser monter ou par tirer une charrette. Cette méthode est, pour moi, dénuée de toute logique, car elle suppose que le cheval est moins intelligent que l'homme (chose dont je doute parfois). Il me paraît évident qu'il serait plus rapide et plus efficace pour l'homme d'apprendre la forme de communication que le cheval comprend le mieux, plutôt que de tenter d'enseigner à l'être supposé être le moins intelligent la forme de communication que l'homme connaît le mieux.

Notre propre expérience nous a appris qu'il est infiniment plus facile d'entraîner un cheval et qu'on peut obtenir des résultats surprenants, lorsqu'on se sert des modes de communication équine.

Au cours des trente dernières années, d'abord avec mon père, ensuite avec ma femme et ma fille, j'ai pris en main et remis au travail des chevaux auxquels d'autres avaient renoncé, les jugeant trop rétifs et inutilisables. Sans moi, nombre d'entre eux auraient fini en pâtée pour chats ou sur l'étal d'une boucherie. Ils appartenaient généralement à deux catégories. Ceux du premier genre étaient des chevaux très intelligents qui avaient été brutalisés et effrayés par de mauvais traitements. Ils comptaient au début parmi le plus grand nombre de ceux que nous avons eus. Actuellement, la plupart des chevaux que nous avons appartiennent au second type : des chevaux trop gâtés par des maîtres faibles, souvent par des femmes pour qui ces chevaux étaient trop puissants et trop forts. Nous avons repris leur éducation, en mettant en œuvre deux qualités : patience et compréhension.

Nous avons eu besoin de toutes nos réserves de patience pour nous occuper d'un cheval que nous avions tout récemment, auquel on ne pouvait passer ni licol, ni filet. Dès qu'on essayait, il se dressait sur ses postérieurs. Nous nous trouvions devant deux problèmes à résoudre. Il fallait d'abord le guérir de sa tendance à se cabrer. Il fallait d'autre part trouver la cause initiale de ce défaut et y remédier. Nous supposions qu'un jour quelqu'un avait dû le blesser en lui mettant les mains derrière les oreilles, car c'est une chose à laquelle il s'opposait totalement. On pouvait lui mettre un mors dans la bouche mais jamais lui passer la têtière par-dessus la tête. Nous aurions pu employer une bride de cuir et la lui passer en partant de l'encolure mais ça ne l'aurait pas guéri de ce défaut de base. Je le mis donc simplement dans un box et commençai à passer la main sur son épaule et sur son encolure. Dès que j'approchai de sa tête, il se mit debout. Quand il fut redescendu, je posai la main sur son épaule et remontai vers l'encolure, et il se pointa de nouveau. Après quarante-cinq minutes de ce manège, je pouvais remonter la main sur l'encolure jusqu'à la tête en m'arrêtant net aux oreilles. Puis je fis courir ma main sur la crête de sa crinière jusqu'à ce qu'elle arrive derrière les oreilles : il se cabra de nouveau. Mais je persistai et, au bout de vingt minutes, je pus passer la main en remontant le long de son encolure par-dessus ses oreilles et redescendre vers son nez. Parvenu à ce stade, je remontai la main sur son chanfrein, lui grattai la tête jusqu'au yeux mais, dès que j'approchai des oreilles, il se remit debout. Après cinq ou dix minutes, je pouvais remonter la main le long de son nez, passer par-dessus ses oreilles et la redescendre sur l'encolure.

Puis vint le stade suivant : je pris un licol, le lui passai sur le nez et par-dessus les oreilles, comme si j'allais le lui mettre. Il se cabra encore. J'enlevai le licol et essayai de le lui remettre. Dès que j'eus mis la muserolle en place, je passai ma main sur sa tête et au-dessus de ses oreilles. Après cinq minutes de cet exercice, je pouvais mettre et retirer le licol. Lorsqu'il se cabrait, je n'y attachais que très peu d'importance. Je continuais simplement à lui parler tout le temps d'une voix douce et chantante et, très rapidement, il se calmait. Il avait cessé de s'inquiéter lorsque ma main courait sur ses oreilles ; mais, en même temps, il ne pouvait sans difficulté admettre de me laisser le faire parce qu'il ne l'avait jamais permis à qui que ce fût. Lorsque je pus mettre le licol et l'enlever sans difficulté, ce à quoi je ne parvins qu'après l'avoir fait pendant vingt minutes d'affilée, j'allai chercher un filet, lui plaçai le mors dans la bouche assez difficilement, le lui retirai, le lui remis, le sortis, le mis, le sortis jusqu'à ce que je puisse le lui glisser dans sa bouche à volonté. Puis je remontai les rênes le long de sa tête et les lui passai par-dessus les oreilles. Il se pointa une fois de plus et redescendit avec les rênes. Je lui remis le mors, passai les rênes sur sa tête et commençai à passer la têtière derrière ses oreilles. Il recommença à se dresser, alors je lui retirai les rênes, sortis le mors, lui remis les rênes, lui remis le mors et lui repassai la têtière sur la tête. Je fis cela dix minutes durant jusqu'à ce que je puisse mettre et retirer le filet à volonté. Il y avait à peu près quatre heures que j'étais avec lui. Aussi, après lui avoir donné à boire et à manger, allai-je me restaurer à mon tour. Je pris un déjeuner très léger, ce que je fais toujours quand je m'occupe de chevaux difficiles, puis je sortis et repris tout depuis le début. Au bout d'une heure environ, je réussis à lui mettre son filet et à le lui ôter quand je le désirais. Je le laissai donc tranquille pour le restant de la journée.

Le lendemain, je le fis entrer dans le box et repris le même processus que la veille, ce qui me prit une heure et demie de la matinée, une demi-heure l'après-midi et dix minutes le soir. Au bout d'une semaine, il ne s'inquiétait plus du tout lorsqu'on lui passait un filet et je pouvais le faire à mon gré. C'est la patience qui m'a permis de réussir et, naturellement, la compréhension de l'origine de la difficulté. En même temps, il me fallait être confiant et assuré de la réussite et ne jamais me décourager ni m'énerver. Mon attitude est restée calme, du début jusqu'à la fin, si bien qu'en traitant son obstination, je n'ai pas eu affaire à un cheval effrayé ou excédé.

On doit naturellement toujours se rappeler que si on a un cheval très puissant ou très intelligent, ce ne sera jamais une monture pour débutant, tant qu'il n'aura pas été parfaitement débourré – c'est-à-dire tant qu'on n'aura pas totalement maîtrisé son ardeur. Étant donné qu'il y a un nombre incalculable de chevaux qui ne sont ni grands, ni forts, ni extrêmement intelligents, il vaut sûrement mieux, pour un cavalier inexpérimenté ou faible, avoir un cheval qui corresponde à son tempérament plutôt que d'essayer de venir à bout d'un cheval dont le tempérament ne lui correspond pas. En partant du même raisonnement, lorsque nous attendons d'un cheval qu'il fasse du cross, nous choisissons un cheval qui aime sauter et courir la campagne car il est infiniment plus facile de le lui demander plutôt qu'à un cheval qui n'aime ni sauter ni se promener. De même, le cavalier qui ne désire pas aller se promener, prendra un cheval animé des mêmes dispositions que lui et non un cheval qui brûle de se lancer dès que son pied foule l'herbe.

Je donnerai un exemple de la façon dont la compréhension entre en jeu lorsque l'on reprend à l'entraînement un cheval difficile ; il s'agit de l'expérience que nous avons faite avec Jimmy. Ce cheval, arrivé chez nous tout récemment, dominait sa propriétaire et il y avait un certain nombre de choses qu'elle n'arrivait pas à lui faire faire. Pour apprendre à Jimmy qui était le patron, nous ne fîmes appel qu'à la seule communication animale. En observant un petit groupe de chevaux qui se déplace, on voit que le « chef » est en tête. Si l'un des autres membres de la troupe tente de le dépasser, il lui ordonne de reculer en tournant la tête et en cognant l'offenseur avec ses dents. On pourrait croire qu'il le mord mais, neuf fois sur dix, il se contente de le pousser avec les dents – il ne le mordra que si l'autre persiste à vouloir passer devant. Je sortis donc avec Jimmy, tenu en longe, et chaque fois qu'il essayait de me dépasser, j'envoyais mon poing dans sa direction, comme pour lui donner un coup. Je ne le touchais pas, mais je menaçais de lui donner un coup dans la mâchoire.

Au bout de trois ou quatre jours de ce manège, Jimmy avait très clairement compris qu'il ne pouvait pas me passer devant, même s'il en avait envie, aussi se mit-il à me suivre, obéissant et tranquille. Voici comment un cheval fort et très difficile qui dominait son possesseur avait appris que c'était moi qui commandais et pas lui. Jimmy avait été habitué à obéir aux ordres du cheval de tête du troupeau et parce que je m'étais servi d'un mode de communication qu'il comprenait, il n'était ni effrayé ni déconcerté.

Je le redis donc : la chose essentielle pour tirer le maximum d'un cheval, c'est la communication. Le cavalier doit être en mesure de transmettre explicitement ses désirs au cheval qui doit, à son tour y répondre. Il est donc logique que ces sollicitations soient transmises de la manière que le cheval comprend le plus facilement, c'est-à-dire en utilisant le mode de communication que le cheval lui-même emploie. C'est là où la perception extrasensorielle est si importante, car, par cette méthode, le cheval comprend rapidement et tout de suite vos désirs plutôt que vos ordres. Par exemple, un cheval devrait répondre lorsque son maître est pressé et se détendre quand vous êtes détendu. Si vous faites de votre cheval une table de résonance de vos propres émotions, ce cheval dans une course, ou dans un cas d'urgence, répondra instantanément et avec beaucoup plus d'enthousiasme et de bonne volonté que s'il se contentait d'exécuter un ordre. De même un sergent-major de la Garde peut enseigner le football à une escouade de onze hommes sur commande, mais cette équipe ne parviendra jamais à battre une équipe de gens qui partagent ensemble l'amour du jeu.

C'est là, je pense, que la méthode moderne d'entraînement des chevaux n'est pas valable, car elle est centrée sur le dressage proprement dit où l'anticipation des désirs du cavalier est considérée comme désobéissance. Je crois que si on veut obtenir le maximum d'un cheval, ce dernier doit être en mesure de prévenir vos désirs, de faire ce que vous voulez qu'il fasse, avant même que vous le lui demandiez. Il suffit pour cela d'être en communion d'esprit avec lui et il ira au-devant de vos désirs puisqu'il saura ce que vous attendez de lui avant que vous ayez formulé la moindre demande.

Pourtant, tout l'art de l'entraînement moderne consiste à enseigner au cheval à répondre à des ordres. Les ordres de base que vous désirez lui enseigner vous prendront six mois et un travail de fond de deux à trois ans. Nous avons, quant à nous, constaté que, par la douceur, on obtenait d'un cheval qu'il réponde à vos commandements en l'espace de quelques heures. Il est extrêmement facile d'obtenir de votre cheval qu'il fasse ce que vous voulez le voir faire, si on essaie de l'amener à *vouloir* faire ce que vous désirez qu'il fasse. Et le raccourci pour y parvenir, c'est d'utiliser la perception extrasensorielle. Comme nous l'avons déjà vu, depuis que l'homme primitif a découvert que *Eohippus**

---

* *(N.d.T.)* Un ancêtre du cheval actuel.

pouvait servir à d'autres usages qu'à remplir un estomac vide, l'homme s'est servi de la perception extrasensorielle pour monter et diriger ses chevaux, dans une mesure plus ou moins grande qui dépend du cavalier et de ses méthodes d'entraînement. Pourtant, rien n'a été publié au sujet de la perception extrasensorielle avec les chevaux et aucune recherche n'a été effectuée sur le sujet. Nous avons en effet poursuivi notre étude sur la perception extrasensorielle pendant plus de dix ans, avant que j'ose en parler à qui que ce soit. Il a fallu pour cela un fait du hasard. Ma femme désirait aller rendre visite à sa famille en Irlande et comme ma voiture, selon son habitude, refusait de démarrer, je demandai à mon voisin et ami, Charle Thurlow Craig de la conduire à la gare. Après l'avoir mise dans le train, nous nous arrêtâmes sur le chemin du retour pour boire un verre. Un verre succédant à l'autre, au bout du quatrième ou du cinquième, je confiai à Thurlow, qui est quelqu'un de très compréhensif, que je pouvais communiquer mentalement avec les chevaux et les diriger par télépathie. Je m'attendais à ce qu'il me rie au nez ou qu'il me trouve trop soûl pour savoir ce que je disais. Au lieu de cela, il me dit : « Il n'y a pas de quoi en faire une histoire, moi aussi je peux le faire ! » et nous nous aperçûmes alors qu'il pouvait communiquer mentalement avec des Cobs gallois et pas avec une autre espèce de chevaux, moi je réussissais tout particulièrement avec des pur-sang ou des demi-sang. Au bout d'une heure et demie, nous rentrâmes à la maison.

Le lendemain matin, j'étais ennuyé par deux choses : premièrement une gueule de bois assez désagréable, et ensuite un souvenir quelque peu embrumé de la folie que j'avais faite en confiant à Thurlow que je pouvais communiquer mentalement avec les chevaux. Aussi montai-je le voir et, après avoir parlé de choses et d'autres, il me confirma que lui aussi pouvait communiquer mentalement avec les chevaux et qu'il le faisait depuis très longtemps mais n'en avait jamais rien dit à personne jusqu'à la veille au soir. Étant donné qu'il avait déjà une réputation d'original, il ne désirait pas se voir classé parmi les fous dangereux.

Pendant les six ou huit mois qui suivirent, Thurlow et moi discutâmes à différentes reprises de la communication mentale avec les chevaux mais je ne m'en ouvris à personne d'autre, jusqu'au bal des chasseurs de cette même année. Et les bals de chasseurs étant ce qu'ils sont, vers minuit je n'étais pas aussi à jeun que j'aurais dû l'être. Je dansais avec une cavalière très expérimentée que je connaissais et je lui fis part de cette faculté de communiquer en esprit avec les chevaux ; elle réfléchit et me dit : « Savez-vous que je peux le faire avec Poodle ?» (C'était le nom de son cheval.) Au cours des deux ou trois danses qui suivirent, elle en vint à conclure qu'elle avait eu la possibilité de le faire avec trois des chevaux qu'elle avait montés au cours des trente ou quarante années précédentes.

Le piquant de cette histoire, c'est que les deux premiers cavaliers à qui j'en parlai se rendaient compte, après réflexion, qu'ils pouvaient communiquer avec les chevaux. Et cependant, l'idée qu'il pût y avoir communion d'esprit entre l'homme et le cheval était à première vue si scandaleuse qu'il me fallait avoir un coup dans l'aile pour me permettre d'en parler, et cela après dix ans d'étude. Par la suite, je parlai de mes découvertes à un ou deux amis intimes puis, petit à petit, à un cercle beaucoup plus étendu de connaissances et je m'aperçus avec surprise que, presque sans exception, ils pouvaient tous communiquer en esprit avec leurs chevaux – non avec tous les chevaux mais avec certains.

La perception extrasensorielle est la capacité de capter des informations par des canaux autres que la vue, l'ouïe, le toucher, l'odorat ou le goût. En fait, cela signifie simplement que l'on peut sentir les états d'âme et les émotions plutôt que de les voir ou les entendre s'exprimer. Nous savons que la perception extrasensorielle concerne principalement la transmission et la réception d'humeurs, d'émotions, de sentiments et de représentations simples. Un cheval connaît d'instinct les dispositions d'humeur de ses compagnons. Peu importe qu'ils appartiennent au genre humain ou animal, que ce soient des animaux de son espèce ou d'une autre espèce. Il peut naturellement, dans une certaine mesure, se servir de sa vue et de ce qu'il entend, aussi bien lorsqu'il les sent furieux ou effrayés, calmes ou agités. Mais nous savons qu'il peut aussi sentir instinctivement leur humeur parce qu'il répondra à ses compagnons même s'ils sont hors de vue et hors de portée du son.

Qu'il y ait perception extrasensorielle entre des animaux d'espèces différentes est difficile à prouver, mais les observations que nous avons faites tendent à le confirmer. Nous avions par exemple un taureau et un jars qui étaient absolument inséparables. Mais lorsque le jars était dans l'impossibilité de voir le taureau, quand le taureau se déplaçait d'un champ à l'autre, le jars oubliait aussitôt ses occupations et se rendait directement à l'endroit où se trouvait le taureau. Il savait toujours où il était allé, même lorsqu'il ne pouvait pas le voir. Le taureau courait avec les vaches, entrait et sortait avec elles, matin et soir, se couchant dans la cour à l'heure de la traite. Parfois, le jars s'installait sur son dos ou à côté de lui, et parfois il s'éloignait et vivait sa vie. Une fois, il se trouva enfermé dans la grange où l'on nourrissait les animaux et lorsqu'on emmena le bétail aux champs, il ne put suivre. Or, ce jour-là, on conduisit le bétail dans un autre pré, à environ quatre cents mètres de celui où il paissait jusqu'à présent. Lorsqu'on relâcha le jars, nous pensions qu'il se rendrait directement dans le champ habituel. Au lieu de cela, il se précipita hors de la grange, prit son envol et alla d'un trait au nouveau pré où broutaient les bêtes. Il se peut que cela soit une coïncidence. Il se peut aussi que le jars ait volé assez haut pour voir où se trouvait le bétail. Mais il est fort probable qu'un sens lui ait dit que les conditions avaient changé et qu'il y ait eu une forme de communication mentale entre le taureau et le jars.

J'ai rencontré un autre cas d'amitié très étroite entre une vache et une ponette. Bizarrement, la vache savait quand la ponette était en chaleur et la montait comme le font les vaches entre elles dans ces moments-là. Dans ce cas précis, il est probable qu'il ne s'agissait pas entre elles d'odeurs ou de signes sexuels. Normalement, une jument ne monte pas sur une autre. Et cependant la vache savait instinctivement lorsque la ponette était en chaleur. Cette affinité très forte entre elles est sans doute à l'origine de cet étrange comportement.

Cork Beg avait un très grand attachement pour un taureau de race frisonne que nous avions et ils restaient ensemble des heures durant. Lorsque le taureau se couchait, Cork Beg se tenait au-dessus de lui, et quand les mouches les importunaient, ils se plaçaient tête-bêche pour les chasser à coups de queue. Le taureau grattait Cork Beg avec sa langue rugueuse. Parfois, ils jouaient ensemble. Cork Beg se dressait sur ses postérieurs et faisait mine de frapper le taureau de ses antérieurs ; alors le taureau le chargeait, comme s'il allait l'étriper avec ses cornes. La première fois, nous avons craint que Cork Beg fût blessé, mais le taureau, chaque fois qu'il chargeait, s'arrêtait à une distance suffisante de Cork Beg pour ne pas le toucher. Ils jouaient ainsi pendant dix minutes ou un quart d'heure, jusqu'à ce que l'un ou l'autre en eût assez. Soit que le taureau gronde comme s'il allait charger, et Cork Beg se sauvait au galop, poursuivi par le taureau ; soit que Cork Beg esquive la charge du taureau et lui décoche une bonne ruade dans les côtes, sans toutefois lui faire de mal. Et puis, au bout de cinq ou dix minutes, ils se réconciliaient et se remettaient à se chasser mutuellement les mouches. Ce qu'il y avait de curieux dans leurs rapports, c'est que le taureau savait où Cork Beg avait une démangeaison. Si Cork Beg avait une démangeaison au-dessus de l'os de la hanche le taureau le léchait à cet endroit. Si Cork Beg avait quelque chose qui le démangeait derrière l'oreille, le taureau le léchait derrière les oreilles. Nous ne voyions pas comment Cork Beg pouvait demander au taureau de le lécher. En outre, cette façon de se comporter n'était normale ni pour Cork Beg, ni pour le taureau, car il est inhabituel que les bestiaux se lèchent l'un l'autre, sauf les vaches qui lèchent leur veau, et il n'est absolument pas courant qu'un taureau lèche une vache, autrement que sous l'effet d'une pulsion sexuelle. De même, il est inhabituel pour un cheval d'en lécher un autre, bien qu'il puisse pincer ou mordiller un autre cheval pour le débarrasser d'une démangeaison. Cette fois encore, nous pensons que les deux animaux utilisaient la perception extrasensorielle. Mais je souligne que cette croyance est basée sur l'observation et non sur une preuve réelle.

Deux chevaux peuvent être ou ne pas être émotionnellement ou mentalement en communication. Nous disons que les chevaux peuvent avoir des modes de pensée différents ou similaires et, dans une certaine mesure, ces modes sont propres à la race. Un pur-sang aura tendance à avoir un psychisme différent de celui d'un Cob gallois et un Cob gallois aura un psychisme différent de celui d'un poney, mais il y a des Cobs gallois qui pensent comme des poneys et des pur-sang qui pensent comme des Cobs gallois. Bien sûr, ces modes de pensée et d'émotion ne sont pas statiques. Si deux chevaux ont un mode de pensée différent mais ont certaines similitudes, un compagnonnage étroit tendra à accroître ces similitudes, de sorte qu'ils se rapprocheront mentalement l'un de l'autre toujours davantage. Nous disons que leur mode de pensée change et devient similaire. De même, dans un groupe de chevaux, ceux qui ont des modes de pensée similaires auront-ils tendance à s'associer les uns avec les autres et leur similitude de pensée grandira. Ainsi dans un groupe de chevaux comprenant des Cobs gallois, des chevaux croisés et des pur-sang, les Cobs gallois auront tendance à s'associer et les pur-sang à former un groupe à part. Mais ils pourront aussi apprendre le mode de pensée des autres. Si l'on met ensemble un pur-sang et un petit poney, sans les laisser en contact avec les autres chevaux, ils n'auront au début aucun contact émotionnel, mais, au bout d'un certain temps, ces deux chevaux verront naître entre eux une affinité et leurs modes de pensée tendront à se ressembler. Si, pourtant, au bout d'un certain temps, d'autres pur-sang et d'autres poneys viennent se mêler à eux, le poney aura tendance à retourner à son mode de pensée initial et le pur-sang à revenir à son mode de pensée de pur-sang. Ainsi des chevaux de races différentes peuvent apprendre par association à communiquer avec des chevaux d'une autre race que la leur et avec des chevaux et des animaux qui ont un mode de pensée différent, mais ils n'en seront pas moins toujours capables de communiquer avec des animaux qui pensent selon le même modèle qu'eux.

Cette différence, dans le mode de pensée d'un cheval à l'autre, explique pourquoi un être humain peut communiquer sa pensée à un cheval et pas à un autre. Elle explique pourquoi tel cheval fera n'importe quoi pour vous et pourquoi vous obtiendrez de celui-ci en particulier une réponse automatique à toute sollicitation, tandis qu'un autre cheval qui peut être de la même race, du même type, du même tempérament fera le contraire, quoi que vous lui demandiez de faire.

Au printemps dernier, j'avais à former deux frères, des poneys gallois croisés de Cobs. Ils provenaient tous les deux d'un étalon Cob gallois appelé Rhysted Prince et d'une ponette – ils avaient à peu près la même taille, âgés de trois ou quatre ans, de robe rouanne. Ils paraissaient presque identiques, mais l'un de ces poneys, quoi que je lui demande de faire, se rebellait et me contrait, tandis que l'autre exécutait ce que je lui demandais comme s'il était un vieux routier qui avait été monté toute sa vie. Cependant, lorsque ces deux poneys retournèrent chez leurs propriétaires, celui avec lequel je pouvais faire tout ce que je voulais éjectait le fils de son propriétaire chaque fois qu'il le montait ; son frère, qui m'avait mené la vie dure, filait droit et ne posait jamais un pied de travers. Il en va de même avec les humains. Vous rencontrez des gens avec qui vous sympathisez immédiatement et d'autres qui vous hérissent le poil à la première rencontre.

Dans notre champ de travail sur les chevaux, les sujets avec lesquels nous avons une affinité sont ceux qui répondent dans la plus grande mesure à nos commandements. Mais nous pouvons par ailleurs construire et développer des affinités. Pour ma part, j'ai toujours pu me faire comprendre des pur-sang ou des demi-sang. Peu importe qu'ils soient rétifs ou maladroits, ils filent toujours droit avec moi et très souvent je peux, dans une course, tirer d'eux le maximum. Mais, pendant très longtemps, jusqu'à il y a sept ou huit ans, je n'avais aucune affinité pour les autres races de chevaux et mon aptitude à les monter ou à les diriger dépendait entièrement de mes capacités de cavalier et non du cheval.

Au cours des ans, j'ai néanmoins cultivé la capacité de changer de longueur d'onde pour me mettre sur celle du cheval que je montais. Aujourd'hui, il n'y a qu'avec les petits poneys que je ne communique pas du tout, et je considère cela comme une faiblesse de ma part que j'espère parvenir à surmonter avec du temps et de la persévérance.

Au cours des quatre dernières années, j'ai utilisé de temps à autre un Cob gallois de 1,45 m, Trefais Comet, dont j'ai déjà décrit les exploits. Il lui arrive parfois d'être l'individu le plus indocile et capricieux qui soit. Mais je parviens toujours à le reprendre en main et, en concours, il donnera tout ce dont il est capable avec plus d'acharnement que moi à gagner. En fait, c'est probablement le seul Cob gallois vivant qui ait constamment battu des pur-sang dans des compétitions de cross-country. Il est arrivé second dans un «Événement d'un jour» l'automne dernier ; battu parce qu'il avait fait une démonstration de dressage «diabolique» avec un score de cent neuf points de pénalité ; mais la course de cross-country était extrêmement dure, et il fut l'un des trois chevaux qui obtinrent un sans-faute, précédant d'une demi-minute le cheval suivant et plus rapide d'une minute et demie que le restant du lot.

Être mentalement en accord avec un cheval peut cependant comporter quelquefois des retours de bâton. J'avais acheté un pur-sang hongre gris du nom de Costa Clyde parce qu'il me comprenait. Il était outrageusement vaniteux et m'as-tu-vu quand il faisait son tour de ring. «Je suis le meilleur cheval de tous ceux qui sont ici, personne ne m'arrive à la cheville.» Il se révéla le menteur le plus éhonté. Ce n'est qu'après l'avoir acheté que je m'aperçus qu'il était toujours imbu de lui-même et de sa propre importance, mais il ne fit jamais un cheval de course et ne gagna jamais aucune compétition. Costa Clyde me plaisait beaucoup et j'adorais le monter à cause de son assurance et de sa confiance en lui. Même lorsqu'il revenait d'une course où il était arrivé bon dernier il restait toujours aussi imbu de lui-même et avait des histoires formidables à raconter sur les raisons pour lesquelles il n'avait pas gagné.

Mais il faut bien se rappeler que, pour les normes humaines, le cheval a une intelligence comparativement basse – le niveau de sa compréhension est probablement à peu près celui d'un enfant de huit ans. Et ce sont les chevaux d'une intelligence supérieure qui sont les plus difficiles à mener : ce sont ceux-là qui deviennent souvent irréductibles à la suite de mauvais traitements et qui marchent sur les pieds de leurs propriétaires. Dans les courses de chevaux, ils apprennent très vite qu'ils n'ont rien à gagner, surtout dans une fin serrée quand on les cravache, alors ils restent dans le peloton et deviennent des tocards. Mais ce sont les chevaux que nous aimons, ce sont ceux dont nous obtenons les meilleurs résultats avec notre traitement par la douceur.

IX

PREUVES D'UNE PERCEPTION EXTRASENSORIELLE CHEZ LE CHEVAL

La perception extrasensorielle, telle que nous l'avons expérimentée chez les chevaux, et entre les chevaux et les êtres humains, semble avoir quatre fonctions différentes, qui peuvent être utilisées ensemble ou séparément.

La première consiste à transmettre l'humeur, qui peut être agitée, excitée ou paisible et détendue. Celui à qui est destiné ce message en recevra consciemment une partie, c'est-à-dire qu'il peut voir le cheval détendu et paisible qui remue la queue dans l'ombre ; mais il sentira aussi sa paix et sa sérénité à l'intérieur de lui-même. Si le destinataire du message est un autre cheval, on peut observer comment la sérénité du premier se transmet au second. Mais si quelque chose survient qui trouble cette paix –une meute qui passe au loin, ou un bruit de galop de chevaux–, les deux chevaux s'exciteront, y compris le second, même s'il ne voit pas le premier et ne peut ni voir ni entendre ce qui l'excite. Un observateur pourra voir le second cheval s'agiter, regarder autour de lui pour voir ce qui est la cause de cette excitation *même s'il ne peut pas voir ce qui arrive au premier cheval.*

La seconde fonction de la perception extrasensorielle est de transmettre les émotions, la fureur, l'affection, etc. La colère est probablement le plus fort des sentiments communiqués par perception extrasensorielle : c'est quelque chose que l'on peut sentir monter en soi, qui vous noue les muscles du ventre, qui vous tend de plus en plus jusqu'à ce que vous ayez l'impression d'être sur le point d'exploser.

J'eus récemment la preuve du niveau que peut atteindre un message de colère. Un ami m'avait amené un Gallois croisé d'Arabe de dix ans, pour l'adoucir ; il avait servi d'étalon pendant trois ans et avait été castré au printemps. Dès que ses plaies furent cicatrisées, on me l'amena et j'étais particulièrement intéressé, parce qu'il avait deux de ses fils chez nous à ce moment-là. Nous l'appelions Ieuan. Je sentis aussitôt une affinité avec lui, ce qui était plutôt inhabituel, car d'ordinaire j'avais de grandes difficultés à me faire comprendre de tous les chevaux de sang arabe. Aux environs de Pâques, après l'avoir fait travailler pendant une quinzaine, en le montant chaque jour et en l'amadouant, il marchait si bien et si calmement que nous décidâmes de l'insérer dans la file de promenade des cavaliers. Il se comporta très bien pendant trois ou quatre jours, jusqu'à ce qu'un ami vînt passer chez nous quelques jours, pour les fêtes. Il le monta le vendredi saint puis recommença le samedi. Ma femme et ma fille étaient sorties avec eux et il y avait environ vingt minutes qu'ils étaient partis, lorsque je sentis mon estomac se nouer et se serrer de plus en plus ; je sus que je recevais un message de Ieuan. J'en étais absolument persuadé, je ne sais comment. Je sautai dans ma voiture et me précipitai à leur suite. Lorsque je les rattrapai au bout de quelques kilomètres, je pus voir du premier coup d'œil que Ieuan était hors de lui, prêt à exploser. Je fis donc descendre Bill, et mis ma fille sur Ieuan ; ils poursuivirent leur route de bon cœur. L'après-midi du même jour, Paddy avait un jeune cheval qu'elle désirait monter, j'installai donc Brian, un autre ami, sur Ieuan et les voilà partis. Et de nouveau, au bout d'un heure, je sentis mon estomac se nouer, je pris ma voiture et allai les rejoindre. Une fois de plus, Ieuan était prêt à exploser. Lorsque j'arrivai, il commençait à arrondir le dos, mais, dès qu'il me vit, il s'assagit et, cette fois, je mis une des filles sur son dos, après quoi il se calma, fort heureusement.

À cette seconde occasion, j'avais senti monter la colère du cheval sur une distance de 4 à 5 km ; événement tout à fait remarquable, car normalement la perception extrasensorielle ne joue que sur d'assez courtes distances. Cette fois, en tout cas, plusieurs personnes pouvaient témoigner de l'effet de la perception extrasensorielle.

Les sensations physiques comme la faim, la soif, la douleur sont transmises par le cheval au moyen de la perception extrasensorielle, et tous les bons vétérinaires semblent posséder la faculté de capter ces messages. Ils peuvent sentir où se situe exactement la douleur ou la gêne chez le cheval qu'ils examinent, ce qui facilite leur diagnostic sur la maladie ou la blessure. Par exemple, une boiterie d'un postérieur peut provenir d'une blessure au pied, au paturon, au boulet ou au jarret ; le cheval peut s'être étiré un muscle de la jambe ; il peut s'être abîmé le grasset ou l'articulation de la hanche ; il peut s'être étiré un muscle de la cuisse ou du dos ou peut s'être abîmé une vertèbre. Et il peut n'y avoir aucun signe visible du siège de la douleur. Naturellement, l'expérience antérieure du vétérinaire l'aidera à deviner où peut se situer le mal ; mais j'ai observé Bill Martin, le vétérinaire de nos chevaux lorsque nous habitions le Sud-Ouest de l'Angleterre, et l'ai littéralement vu sentir une blessure. Il restait cinq ou dix minutes à regarder un cheval, quelquefois en bavardant, d'autres fois se bornant sans mot dire à regarder et à sentir. Puis il allait, presque toujours sans se tromper, droit au siège du mal. Je le revois me dire : « Servez-vous de vos yeux et de vos oreilles, Henry, mais servez-vous aussi de votre intuition. » Il me révéla qu'il avait une sorte de sixième sens et je regretterai toujours qu'à l'époque où je le fréquentais nous n'en fussions qu'au tout début de notre travail sur la communication, si bien que je ne lui en ai jamais parlé.

La perception extrasensorielle peut également transmettre des idées simples telles que : « Il y a à manger ici », « Allons-nous-en », et les chevaux l'utilisent très fréquemment entre eux. En réalité, cette fonction est probablement une extension de la faculté de transmettre humeur et sentiment puisque, par exemple, l'idée : « Il y a à manger ici » n'entre pas dans la perception extrasensorielle comme un message. Pourtant, s'il s'agissait de télépathie, ce serait un message. Ce que le cheval destinataire éprouve, c'est la sensation que la faim de son compagnon est apaisée, ce qui lui permet de savoir que l'autre cheval est en train de manger. De même, derrière l'idée : « Allons-nous-en », il y a le fait très simple que, dans la fuite, la sensation de peur se trouve atténuée. Pour des raisons pratiques, j'ai cependant jugé utile de dire qu'une des fonctions de la perception extrasensorielle était de transmettre des idées simples. La distinction est particulièrement utile, lorsqu'il s'agit d'une forme de réaction à une émotion ou à une sensation ; car l'une ou l'autre des fonctions de perception extrasensorielle sont souvent employées ensemble. Les phrases : « J'ai faim », « Ici, il y a de la bonne herbe » parviennent comme faim et suppression de la faim. Les phrases : « Je suis effrayé », « Courons » parviennent comme peur, et comme réaction automatique de fuite qui est la diminution de la peur.

Les messages apportés par la perception extrasensorielle sont d'une importance vitale pour la survivance de l'espèce. À l'état sauvage, en effet, un troupeau de chevaux peut être disséminé, et certains de ses membres se trouvent hors de portée de la vue ou de l'ouïe. Mais si une partie du groupe est effrayée par l'apparition d'un homme, d'un loup ou de quelqu'autre prédateur, le reste du troupeau, s'il se trouve au milieu des arbres, peut être alerté par perception extrasensorielle, bien qu'il ne puisse ni voir ni entendre ses congénères. Les chevaux ainsi alertés seront d'abord troublés, puis ils dresseront les oreilles, s'ébroueront et commenceront à s'éloigner du lieu.

Le cheval sent aussi l'intention agressive d'un animal d'une autre espèce, et cela aussi a été vital pour sa survie. Lorsque par exemple un loup, un homme ou un autre carnivore essaie de traquer un cheval pour l'attaquer, même s'il ne peut pas voir l'ennemi, l'entendre ou sentir son odeur, le cheval devient agité et troublé. Et assez bizarrement c'est l'une des facultés qui ont survécu chez l'homme. Si vous essayez de suivre une personne, vous vous apercevrez souvent qu'il suffit que vous la suiviez pendant un temps très court pour qu'elle se mette à regarder autour d'elle : une sorte de sixième sens l'avertit de votre présence.

Au cours des cinq dernières années, nous avons réalisé un certain nombre d'expériences sur la perception extrasensorielle entre chevaux. Pour ce faire, nous nous sommes servis de chevaux empathiques, c'est-à-dire de chevaux qui s'entendaient parfaitement, de compagnons proches, se trouvant sur la même longueur d'onde et qui agissaient comme un seul cheval. Ils broutaient ensemble, allaient et venaient ensemble, restaient l'un à côté de l'autre et si l'on voulait attraper l'un, il fallait attraper l'autre. Nous n'avons utilisé que des chevaux dont nous savions qu'ils avaient la même origine et étaient ensemble depuis deux ou trois ans au moins et, dans la mesure du possible, nous avons préféré deux frères ou deux sœurs élevés ensemble, donc situés exactement sur la même longueur d'onde. Avant de travailler avec eux, nous les avons observés pendant une période d'un mois à six semaines pour nous assurer qu'ils paissaient toujours ensemble et ne se liaient pas d'amitié avec un autre cheval, même pour une courte durée. Cela établi, et ma propre expérience me confirmant qu'ils étaient bien sur la même fréquence, nous étions prêts à les choisir pour notre expérience. Sur les quarante ou cinquante chevaux qui nous passent par les mains chaque année, nous avons essayé d'en sélectionner deux paires chaque année. Après cinq ans, nous avons ainsi sélectionné onze paires, c'est-à-dire que nous avons trouvé des chevaux convenant à cette expérience dans la proportion d'environ dix pour cent. Parmi ceux-ci, deux paires ont été éliminées, parce que nous nous sommes aperçus que leur attraction était plus physique que mentale. Chacune de ces paires était composée d'une jument et d'un cheval hongre, et ils étaient attirés sexuellement l'un vers l'autre. (Nous avons déduit cela du fait que, lorsque la jument était en chaleur, ils étaient beaucoup plus proches l'un de l'autre et plus proches aussi dans les dix à quinze jours qui précédaient les périodes de chaleur.) La troisième paire que nous dûmes éliminer se composait d'une vieille jument de huit ans et d'un hongre de trois ans plutôt attardé qui venaient de la même ferme et ne s'étaient pas quittés depuis que le cheval hongre était un poulain de six mois. Ils nous avaient paru former une paire idéale, jusqu'à ce que nous commencions nos expériences. Les cinq expériences sur le cheval hongre apportèrent en effet un résultat positif à 100 %; mais, lorsque je commençai à m'occuper de la jument et non du hongre, nous n'eûmes qu'un résultat de 50 %. Cette paire était au-dessus de la moyenne –75 % positif, ou 7 à 8 % au-dessus de la moyenne–, mais, après mûre réflexion, je conclus que la jument était en contact mental avec moi-même et non avec le cheval hongre –son affinité pour cet hongre était plus maternelle que mentale.

Nous avons eu la très grande chance au départ que la disposition de la ferme se prêtât à ces expériences. Nous avions un grand box distant d'environ cinquante mètres de la maison ; de l'autre côté d'une rangée de bâtiments, nous disposions d'un baraquement de chemin de fer près de la porte de devant : donc deux écuries hors de portée de vue et sans aucune possibilité d'entendre de l'une ce qui se passait dans l'autre. Lorsque nous travaillions sur un cheval, l'autre ne pouvait ni voir ni entendre ce que nous faisions –les réponses enregistrées ne pouvaient résulter que de la perception extrasensorielle, et non de la vue ou de l'ouïe. Il était également possible, à deux endroits, dans le bâtiment en question, d'observer le second cheval sans être remarqué par lui ; et lorsque nous travaillions dans le grand box de la cour, le cheval qui se trouvait dans le baraquement du chemin de fer ne savait pas que nous étions dans la cour, et encore moins que nous nous occupions de l'autre cheval ou lui donnions à manger. Dans la seconde expérience, il nous fallait quitter la cour pendant un certain temps et nous utilisions le baraquement du chemin de fer près de la porte d'entrée pour seller et brider le cheval et l'emmener au-dehors et le premier cheval ne pouvait pas nous voir partir, bien qu'il eût la possibilité d'entendre nos pas lorsque nous partions sur la route.

Il y avait donc cinq expériences à faire et, au cours d'une période de trois jours, nous réalisions trois fois chacune de ces expériences, en intervertissant les chevaux sur lesquels nous travaillions et le cheval dont nous attendions une réaction. Le premier jour, nous utilisions le cheval A, le deuxième, le cheval B et le troisième le cheval A pour l'expérience n° 1. Pour l'expérience n° 2, le premier jour nous utilisions le cheval B. Pour l'expérience n° 3, nous utilisions A, B, A. Pour l'expérience n° 4, B, A, B, et pour l'expérience n° 5 A, B, A. De cette façon, nous nous assurions d'une répartition égale de la réponse primaire et secondaire des deux chevaux.

Dans la première expérience, un animal de chaque paire recevait à manger dans un seau en plastique. Pour que nous enregistrions une réaction positive, le second de la paire empathique devait indiquer qu'il voulait manger en même temps ; et pour être absolument sûrs que l'habitude n'entrait pour rien dans cette expérience, les chevaux étaient nourris chaque jour à des heures différentes et n'étaient pas non plus nourris aux heures habituelles, de sorte que, s'il y avait une réponse, elle ne devait être liée qu'à la perception extrasensorielle.

Sur 24 essais, 21 donnèrent une réponse positive –plus que nous n'osions espérer–, c'est-à-dire que 21 fois sur 24, lorsque nous donnions à manger à un cheval, le second cheval, bien qu'il ne pût, en aucune façon, nous voir ni nous entendre, savait que nous nourrissions l'autre et demandait à manger. Il va de soi qu'avant de réaliser l'expérience, nous devions découvrir comment chaque cheval exprimait : « Ça vient ce repas ? » Les uns cognaient sur leurs mangeoires, d'autres émettaient un frémissement sonore, deux d'entre eux allaient de la porte à la mangeoire et revenaient à la porte. L'un sortait la tête hors de la porte et la secouait de haut en bas jusqu'à ce qu'on lui apporte à manger. Et, si on le faisait attendre longtemps, il faisait d'horribles grimaces. Cette expérience était la plus facile, car, d'une part il est très simple d'éliminer des signes, des bruits et des habitudes et, d'autre part, aucune opinion personnelle n'entre en jeu. Ou bien le cheval répondeur dit : « Ça vient ce repas ? » ou bien il ne réagit pas. Il n'y a pas d'autre alternative. Aussi, à mon avis, cette expérience est-elle absolument concluante pour prouver l'existence de la perception extrasensorielle.

Dans la seconde expérience, on sortait de la cour un cheval de chaque paire, on le conduisait dans un pré, où on l'excitait, en le faisant galoper, sauter ou, d'une manière ou d'une autre, on l'échauffait. Nous obtenions des résultats positifs si, lorsque le cheval excité revenait dans la cour, le second de la paire –qui était resté dans son box– s'excitait à son tour.

Pour cette expérience, il est relativement aisé de dire si le résultat obtenu est positif ou non ; si le cheval est tranquille, plus ou moins somnolent et que tout à coup il dresse les oreilles et se met à marcher ou à danser dans son box, on peut être absolument certain que quelque chose l'a troublé et excité. Cette fois, deux des chevaux s'agitèrent et émirent un frémissement sonore ; dans les deux cas, le cheval du box commença à s'exciter, alors que le cheval qui avait fait de l'exercice se trouvait environ à quatre cents mètres de là. Mais avec deux autres – c'est-à-dire dans trois expériences, car l'un des chevaux fut utilisé deux fois –, on n'obtint aucun résultat concluant, car le cheval en question était agité de nature et avait tendance à s'exciter parfois sans raison évidente. Néanmoins, dans cette expérience, 19 résultats sur 24 furent positifs. Il y eut trois cas où le second cheval s'excita mais nous ne pûmes avoir la certitude que c'était uniquement parce que son correspondant empathique était excité.

L'expérience n° 3 fut un échec plus ou moins complet, parce que les résultats positifs laissaient trop de marge à l'erreur humaine. Cette expérience découlait de l'expérience n° 2. Lorsque le cheval excité avait été ramené dans la cour, et que nous avions observé l'effet sur son partenaire, nous lui ôtions sa selle et son filet et allions auprès de son compagnon pour le flatter et l'amener à se détendre. Nous enregistrions un résultat positif si le cheval qui venait de s'exercer se détendait beaucoup plus vite qu'en temps normal. Ici, la difficulté résidait dans l'évaluation du temps qu'un cheval met, dans son état normal, pour se détendre. Nous dûmes aussi abréger la série d'expériences, parce que l'un des chevaux que nous excitions se coupa en forgeant, de sorte qu'au lieu de calmer son compagnon, il nous fallut passer les vingt minutes qui suivirent à nettoyer la blessure et à arrêter le saignement. Ainsi, nous n'eûmes que 23 expériences au lieu de 24. Sur les 23 cas, il y eut 8 résultats positifs et 7 marginaux, autrement dit : dans 8 cas nous avons jugé probable que le cheval se soit calmé plus rapidement que d'habitude et dans 7 cas, nous l'avons jugé possible. J'ai inclu cette expérience peu convaincante dans la série, parce que j'ai le sentiment qu'avec un minimum d'équipement scientifique et beaucoup de temps pour la réaliser, elle pourrait se révéler l'expérience la plus déterminante et importante de la série.

La quatrième expérience était des plus simple. Je parlais à l'un des deux chevaux et le caressais, – en m'adressant généralement à celui que j'aimais le moins– et nous enregistrions un résultat positif si l'autre donnait des signes de jalousie. La jalousie se manifeste de différentes façons ; le cheval peut être troublé et commencer à marcher et faire le tour de son box ; il peut (comme il arriva à une jument) commencer à cogner contre la porte ; ou, comme une autre, se pencher au-dessus du portillon et secouer la tête de haut en bas ; une troisième, dès que je me mis à parler à son compagnon, se mit à heurter sa mangeoire. Nous considérâmes tous ces résultats comme positifs, bien qu'ils ne fussent pas exactement ceux que j'escomptais. Ce qu'il y eut de curieux dans cette expérience, c'est que presque la moitié des chevaux donnèrent un résultat positif en disant « Ça vient ce repas ? », ce qui semble indiquer que le message transmis était une sensation agréable que la moitié des chevaux interprétèrent comme signifiant que le premier cheval mangeait. Une fois de plus, nous ne pûmes obtenir aucun résultat certain des trois chevaux qui, à l'état naturel, étaient agités et excitables, parce qu'il était impossible de déceler s'ils répondaient à une perception extrasensorielle ou s'il fallait attribuer leur comportement à leur agitation naturelle. Mais un des sujets était une jument qui manifesta son impatience en secouant la tête de haut en bas à la porte, ce qui n'était pas sa manière habituelle de montrer son agitation (généralement, elle faisait au pas le tour de son box puis regardait à la porte), mais bien plutôt sa manière de dire : « Ça vient ce repas ? » Ce résultat fut enregistré par nous comme probable et non comme positif. Nous avions donc dans cette expérience 17 résultats positifs sur 24.

La cinquième expérience était la plus déplaisante, et je ne crois pas que je la répéterai parce qu'elle consistait à effrayer un des chevaux et ce n'est pas une chose que j'aime faire. Je pense aussi qu'il est possible d'apporter la preuve de la perception extrasensorielle sans pour cela recourir à la peur. Mais étant donné que la peur est une émotion primaire, nous avons jugé important de prouver qu'elle peut être transmise d'un animal à l'autre. Je faisais peur au cheval en me précipitant sur lui les poings fermés et en le pourchassant tout autour du box jusqu'à l'affoler complètement. Nous enregistrions un résultat positif si son compagnon se troublait aussi. Cela arriva dans 16 cas sur 24 avec en plus, bien entendu, les trois chevaux excitables qui ne pouvaient nous donner de résultat positif.

Sur un total de 119 expériences, nous avons obtenu

des résultats positifs dans 81 cas ; 1 résultat marginal dans 12 autres cas et 1 résultat possible dans 11 cas, ce qui nous donna un taux général de réussite de 67,5 %. Si l'on considère que la seule alternative à la perception extrasensorielle dans l'explication de ces résultats est le pur hasard, il me semble plus que scientifiquement probable qu'il y ait, entre les chevaux, un sens de la communication autre que la vue et l'ouïe.

Nous procédâmes aussi à une expérience de contrôle dans notre propre intérêt. Pour cela, nous prîmes une jument et un hongre qui étaient très hostiles l'un à l'autre et, sur quinze expériences, nous n'eûmes qu'un seul résultat positif.

Pour cette série d'expériences, nous nous assurâmes qu'il n'y avait aucun moyen de communication entre moi et l'un ou l'autre des chevaux. Je ne les aimais pas, ils ne s'aimaient pas, nous formions un trio très hostile !

Ainsi, puisque, dans le contrôle, nous avons obtenu un résultat positif dans 16,66 % des cas et, dans l'expérience, un résultat positif de 67,5 %, nous concluons une fois de plus qu'il est probable que la perception extrasensorielle entre les chevaux existe.

Il faut noter que les cinq expériences avaient pour but de montrer le transfert des messages par perception extrasensorielle : apaisement de la faim, excitation, diminution de l'excitation, jalousie et peur. Nous avons constaté avec plaisir, dans cette série d'expériences, qu'on peut prouver scientifiquement l'existence de la perception extrasensorielle. En fait, si, dans nos résultats, on élimine les chevaux agités et la troisième expérience qui a raté, nous obtenons un succès global de près de 80 % et non 67,5 %.

Au cours de ces expériences, ce que nous avons trouvé particulièrement intéressant ne sont pas tant les résultats obtenus – sensiblement supérieurs à ce que nous escomptions– que la faculté du cheval à passer sur d'autres longueurs d'onde.

Parmi les chevaux que nous avons utilisés, il y en avait de lignées différentes qui, normalement, ont des modes de pensée différents et communiquent sur des longueurs d'onde différentes ; de plus, trois paires sur huit se composaient d'une jument et d'un hongre dont les modes de pensée avaient encore tendance à se différencier du fait de la différence de sexe. Pour prouver que les longueurs d'onde varient d'une race et d'un type à l'autre et que les individus peuvent communiquer sur diverses longueurs d'onde et avec des modes de pensée différents, nous avons réalisé une autre série d'expériences avec quatre chevaux : un Cob gallois, une jument pur-sang, un poney de 1,35 m demi-sang et un étalon gallois classé en compétition. Le Cob gallois était en communication avec la jument pur-sang et ils étaient des compagnons très proches. La jument pur-sang communiquait avec le Cob gallois et le poney demi-sang, et l'étalon était sur la même longueur d'onde que le poney, mais n'était en communication ni avec le Cob gallois, ni avec la jument pur-sang. Après une très longue série d'expériences, nous avons découvert que, si nous donnions à manger au Cob gallois, les trois autres réclamaient leur nourriture. Si nous donnions à manger au Cob gallois en l'absence de la jument pur-sang, ni le poney demi-sang, ni l'étalon ne réclamaient leur nourriture. Lorsque nous ramenions la jument pur-sang et enlevions le poney demi-sang, l'étalon ne réclamait pas à manger.

Si on nourrissait l'étalon et que tous étaient là, les trois autres chevaux réclamaient à manger. Si l'on enlevait le poney demi-sang à l'heure du repas, ni la jument pur-sang, ni le Cob gallois ne demandaient leur repas.

Là encore, dans cette série d'expériences, nous les avons toujours nourris à des heures irrégulières, de façon à ce qu'aucune habitude ne vienne fausser l'expérience et nous avons prouvé de façon absolument concluante que le Cob gallois, lorsqu'il avait à manger, envoyait un message par perception extrasensorielle que la jument pur-sang recevait ; la jument le passait ensuite au poney demi-sang qui, à son tour le transmettait à l'étalon. Si l'on ôtait la jument pur-sang, il n'y avait personne pour recevoir le message du Cob gallois, et les deux autres ne savaient pas qu'on apportait la nourriture. Si nous enlevions le poney quand la jument était là, elle savait, parce que le Cob gallois le lui faisait savoir, qu'il avait reçu à manger, mais il n'y avait personne pour recevoir son message et le transmettre à l'étalon. En revanche, si, en l'absence du poney, nous nourrissions l'étalon, ni la jument, ni le Cob gallois n'en savaient rien. Si on ramenait le poney, il recevait des informations par l'étalon mais, en l'absence de la pur-sang, le Cob gallois n'était pas informé.

Ces chevaux se nommaient Rostellan, Iantela, Marie et Starlight. Et les relations de Starlight avec Marie ont une histoire intéressante. Nous l'avions acheté entier, à huit ans lors d'une foire aux chevaux. Une fois à la maison on le castra, puis on le relâcha avec les autres chevaux, trois ou quatre jours plus tard. Aussitôt, il se lia d'amitié avec Marie et se mit à attaquer tous les chevaux hongres en vue. Rostellan en avait une peur bleue après avoir été rossé, lors de leur première rencontre. Nous avions bien remarqué cette affection pour Marie mais n'y attachions pas d'importance. Pourtant, onze mois plus tard, Marie mit au monde un adorable poulain alezan, ce qui consterna car il devait avoir conçu ce fils après avoir été castré !

Nous savons que nous sommes des pionniers dans le domaine de la communication équine et, étant des pionniers, nous devons prendre bien garde que tout le travail que nous faisons puisse être reproduit par d'autres gens, en d'autres lieux, à une date ultérieure. Nous savons aussi que notre travail sera mis en pièces et nous nous attendons à ce que dans dix, vingt ou trente ans, les gens disent : « Oh ! Blake avait raison, il a débuté tôt, mais il avait tort ici », ou « il avait tort là ». Il est très possible que, sur certains points de ce vaste sujet, nous nous trompions. Mais dans le domaine de la recherche équine en général et de la perception extrasensorielle en particulier, nous savons que nos travaux sont sur la bonne voie, parce que nous savons que nous pouvons communiquer – et nous le faisons – tout le temps vocalement, oralement et mentalement avec nos chevaux. Nous pouvons comprendre ce qu'ils disent à tout moment et ils comprennent ce que nous disons. Nous sommes, en fait, dans la position d'un Anglais qui peut parler et comprendre le français mais qui fait de temps à autre une faute de grammaire, et il est fort possible que parfois il nous arrive de nous tromper dans les éléments de la grammaire équine.

X

LA TÉLÉPATHIE DANS LE LANGAGE DES CHEVAUX

La plupart des gens considèrent la télépathie simplement comme une forme de perception extrasensorielle. Mais, sur ce point, nous pensons qu'ils se trompent, car la télépathie est différente : elle concerne le transfert d'images mentales et utilise un processus intellectuel, alors que la perception extrasensorielle concerne le transfert des humeurs, des émotions, des sentiments et de certaines représentations très limitées. C'est un mécanisme purement émotionnel, un processus automatique. Pour qu'il y ait télépathie, il est courant, mais pas obligatoire, que les animaux appartiennent à la même espèce. Chez l'homme, il est habituel que l'émetteur et le récepteur soient en contact mental, émotionnel et, de préférence, également physique. Mais si dans la vie de tous les jours la télépathie est un phénomène relativement commun, elle reste extrêmement difficile à prouver. C'est une réaction spontanée. Par exemple, deux personnes peuvent penser à la même chose en même temps, mais rien ne prouve que c'est de la télépathie et non une coïncidence. Vous pouvez commencer à vous représenter un endroit que vous connaissez bien, et vous apercevoir par la suite qu'à cet instant précis une connaissance ou un ami s'y trouvait ; mais à moins d'avoir noté l'heure et ce qui se passait à ce moment-là – ce que vous vous êtes représenté et ce à quoi vous avez pensé –, il est presque impossible de le prouver. Et même si vous arrivez à prouver le synchronisme des événements, il reste qu'il est extrêmement difficile d'affirmer qu'il ne s'agissait pas d'une coïncidence.

Il est très courant qu'une personne dise : « Il faut que je prépare la pâtée du chien » et que le chien apparaisse aussitôt à ses côtés. Cela arrive presque tous les jours chez ceux qui vivent très près de leurs animaux.

Une de mes amies vint vivre chez sa mère, et, au bout de trois ou quatre mois, elle commença à s'étonner de ce que le thé était toujours prêt lorsqu'elle arrivait à la maison. L'eau bouillait ou était sur le point de bouillir. Elle était infirmière et son emploi du temps était irrégulier. L'heure à laquelle elle revenait de l'hôpital dépendait de l'équipe avec laquelle elle travaillait. Intriguée, elle demanda à sa mère comment elle s'y prenait. « Oh, c'est tout simple ! répondit-elle. Dix minutes avant que tu n'arrives, je le sais : Jojo se lève et commence à s'agiter. Elle va de son panier à la fenêtre et se tient debout contre la fenêtre jusqu'à ce que tu sois là. Quand je vois Jojo commencer son manège, je prépare le thé. » Elle se dit que Jojo devait savoir quand elle suivait une avenue bordée d'arbres à environ dix minutes de chez elle. Naturellement, dans ce cas, il ne pouvait s'agir ni de vue, ni d'ouïe, puisqu'elle se trouvait encore à plus d'un kilomètre de son domicile ; la chienne ne pouvait donc le savoir que par télépathie.

Les Russes ont réalisé un très grand nombre d'expériences sur ce phénomène ; l'une des plus classiques consiste à mettre deux personnes dans deux pièces différentes. Dans chacune d'elles se trouvent deux tables. Sur la première sont disposés un certain nombre d'objets de couleurs et de formes différentes. « L'émetteur » prend les objets et les pose sur la seconde table exactement dans le même ordre. Dans cette expérience, avec des couples entraînés, les Russes ont obtenu un taux de réussite de 60 %.

La télépathie est tombée en discrédit en Occident parce qu'elle a été utilisée pour des numéros de music-hall, dans des démonstrations de transmission de pensée qui étaient généralement truquées.

Parmi les gens les plus réputés pour leurs expériences de télépathie, ces dernières années, je me souviens d'un couple australien, les Piddington. Piddington découvrit cette faculté lorsqu'il était prisonnier de guerre des Japonais et, pour amuser ses compagnons de captivité, il faisait des démonstrations de ses capacités, avec l'écrivain Russel Braddon. Après la guerre, sa femme et lui parcoururent le monde, démontrant leur faculté de transmettre mentalement, à des distances variables, la forme et la couleur des objets. C'est ainsi qu'un jour ils réussirent à se transmettre des images mentales de diverses formes, depuis un studio de la B.B.C. jusqu'à un aéroplane.

Aujourd'hui, l'homme semble avoir presque complètement perdu cette faculté de transmettre des images mentales. Ceci est sans doute dû au fait qu'il ait cessé de pratiquer cet art lorsqu'il s'est mis à parler ; à partir du moment où l'on pouvait décrire avec la voix ce que l'on voyait, on n'avait pas besoin de transmettre une image mentale. Mais certaines tribus primitives possèdent encore cette aptitude. Laurens Van der Post, dans ses voyages chez les Boschimans du Sud de l'Afrique, a vu un sorcier regarder le dessin d'une antilope dans une caverne, entrer en transe et décrire avec tant de précision le lieu où l'antilope se trouvait que les chasseurs n'eurent plus qu'à aller la tuer.

Cette faculté semble toutefois survivre chez l'homme civilisé aux moments de grande tension. Je connais cinq cas où la télépathie aurait apparemment joué, au moment d'un accident de voiture (bien que, dans trois de ces cas, on ne puisse déterminer clairement s'il s'agissait de perception extrasensorielle ou de télépathie). Il est très difficile, lorsqu'on pose des questions à une personne après coup, de s'assurer qu'elle a vraiment eu une représentation visuelle de l'accident au moment où il se produisait, et n'a pas simplement éprouvé une tension émotive inhabituelle. Mais j'ai rencontré deux cas où l'accident m'a été décrit *avant* que la personne ne sache qu'il avait eu lieu : dans l'un de ces cas, ma femme a su que ses parents avaient eu un accident de voiture, au moins huit heures avant que la nouvelle lui fût parvenue. Dans l'autre cas, un de mes amis entendit une de ses connaissances lui dire que ses parents avaient eu un accident de voiture, au moment même où l'accident se produisait à trente kilomètres de là.

La télépathie, c'est cela : la transmission d'une image mentale. J'ai déjà raconté comment je pouvais diriger Weeping Roger là où je voulais, uniquement par la pensée. Je le conduisais à gauche, à droite, ou droit devant, rien qu'en me représentant visuellement la route. C'était la première fois que j'expérimentais consciemment la télépathie avec un cheval. J'exerçais

Roger pendant une heure et demie ou deux heures chaque jour, lui donnais à manger, nettoyais son box, le pansais deux fois par jour, je passais donc avec lui trois ou quatre heures chaque jour, sans compter les trente ou quarante fois que je passais devant son box en allant au parc à bestiaux et en revenant. Cette proximité renforçait la grande affinité que j'éprouvais déjà à son égard.

Après cette expérience, je m'aperçus que je pouvais aussi, par télépathie, empêcher les autres chevaux de s'effaroucher : si je pensais que le cheval allait s'effrayer de quelque chose, je regardais l'objet attentivement et le cheval le percevait pour ce qu'il était – une pierre pour une pierre et non pour un tigre prêt à bondir, une feuille de papier pour une feuille de papier et non pour un aigle prêt à fondre sur lui. C'est un truc tout à fait simple, car un cheval ne perçoit pas toujours un objet correctement, surtout s'il le voit du coin de l'œil et évite naturellement d'instinct tout ce qui lui paraît inhabituel ou dangereux. Mais si la personne qui le monte ou le conduit est très proche de lui mentalement, elle peut voir l'objet *pour* lui : le cheval le percevra donc tel qu'il est et passera à côté sans s'émouvoir.

À l'époque où je travaillais avec Roger, on m'envoya un hongre gris assez difficile à monter, qui avait peur de tout et dont le propriétaire avait voulu se séparer. Après être allé le chercher au train à Axminster, où on me l'avait envoyé d'Ascot, je le montai pour rentrer chez moi et, à ma surprise, il ne fit aucun écart. Je le gardai pendant environ deux mois et, pendant tout ce temps, il fut d'un calme absolument parfait et ne s'effraya jamais. Je le renvoyai à son propriétaire qui en fut enchanté ; mais, au bout de deux mois, ce dernier me rappela au téléphone pour me dire que si le cheval ne s'effarouchait plus, ne faisait plus d'écarts et se laissait parfaitement monter, le maréchal-ferrant, en revanche, n'arrivait pas à lui prendre les pieds pour le ferrer. Le fait est que cet animal avait une forte personnalité et que son propriétaire était faible et nerveux et que le cheval essayait un truc après l'autre pour prendre le dessus sur lui. Ayant découvert qu'en faisant des écarts, il empoisonnait l'existence de son propriétaire, il prit l'habitude de s'effrayer de tout. Mais lorsque j'allai le chercher à la gare d'Axminster, je savais que c'était un cheval ombrageux et je pris grand soin de ce qu'il vît bien tout. Il ne me causa pas le moindre ennui et, lorsqu'il rentra chez lui, il avait oublié sa manie de prendre ombrage à tout propos, il était complètement guéri ; mais il commença à faire des difficultés pour se laisser prendre les pieds lorsqu'il s'aperçut qu'en agissant, il impressionnait son propriétaire. Il ressemblait à ces écoliers espiègles qui font des pieds de nez derrière le dos d'un instituteur nerveux.

Cork Beg nous fournit une preuve de la faculté du cheval à penser en images. On pouvait le garder à l'écurie simplement en tendant une petite ficelle en travers de la porte ; la considérant comme une barrière, il ne sortait pas. Il nous arrivait même très souvent d'oublier de mettre la ficelle. Un jour, Cork Beg qui, comme tous nos chevaux, était extrêmement curieux, se trouvait dans le baraquement du chemin de fer, la porte ouverte. Ma femme bavardait avec quelqu'un sur la route mais Cork Beg ne pouvait pas les voir. Pour ce faire, il sortit la tête. Mais cela ne suffisant pas, il se pencha un peu plus. N'y voyant toujours rien, il se pencha un peu plus encore. S'il n'avait pas pensé qu'une barrière l'en empêchait, il aurait pu sortir car la porte était grande ouverte. Mais il croyait fermement qu'il y avait une barrière, aussi se pencha-t-il jusqu'à en perdre l'équilibre et piquer du nez, et je dus l'aider à se remettre debout ! Dans son idée, il ne pouvait pas franchir le seuil tant que ma femme n'était pas venue lui mettre un licol, supprimant ainsi cette barrière mentale qui le retenait à l'intérieur de l'écurie.

À l'état sauvage, les chevaux se servent de leur faculté de télépathie pour diriger leurs compagnons vers l'eau et la nourriture, ou pour conduire un cheval vers un autre à des distances considérables. Elle peut aussi être utilisée pour disperser un troupeau de chevaux en cas de danger. Essayez vous-même d'acculer dans un coin de pré deux poneys difficiles à attraper. Vous verrez que l'un va invariablement à votre gauche et l'autre à votre droite et ils n'essaieront d'aller dans la même direction que si vous ne leur laissez pas la place de passer sur l'un de vos côtés.

Jusqu'en 1964, en tout cas, nous avons pensé que la télépathie était plus ou moins analogue à la perception extrasensorielle. La différence, c'est Charle Thurlow Craig qui nous la montra : il s'éveilla une nuit mal à l'aise et inquiet, s'habilla, descendit, prit sa cisaille et une lampe, enfila ses wellingtons et sortit par une nuit noire, dans la tempête pour se rendre à 800 m de chez lui, directement à l'endroit où sa jument favorite s'était prise dans un fil de fer barbelé dans un fossé. Il me dit le lendemain qu'en descendant l'escalier, il savait exactement où se trouvait la jument et ce qui s'était passé « parce qu'il l'avait vue dans l'œil de son esprit ». Je notai les mots précis qu'il employa.

J'eus moi-même une expérience similaire, il y a

deux ans. J'avais un hongre pur-sang appelé Royal Boy. Malheureusement, il adorait la musique et restait toute la journée près de la fenêtre à écouter la radio et, si le volume n'était pas assez fort, il allait à la barrière grillagée des cochons, la frappait avec un de ses sabots de devant et écoutait le tintement que cela faisait. Il continuait pendant une heure, complètement fasciné. Nous disions qu'il jouait du piano et, bien sûr, de temps à autre, il passait le pied par erreur à travers le grillage et n'arrivait plus à le retirer. Après son premier essai, il restait tout à fait tranquille et m'attendait. Chaque fois je pouvais voir en esprit son pied pris dans le grillage des cochons ; j'allais alors chercher ma cisaille pour le tirer de ce mauvais pas. Il m'attendait toujours et je suis sûr que, dans son esprit, il me voyait venir. (En principe, lorsqu'un pur-sang est pris de cette façon, il se débat pour essayer de se libérer et risque de se blesser gravement.)

Du jour où nous avons commencé à travailler sur la télépathie, nous nous sommes aperçus qu'il nous fallait prouver non seulement qu'elle existait mais qu'elle était différente des autres formes de perception extrasensorielle. Ainsi, nous pouvions par exemple montrer un objet à un animal, généralement une mesure d'avoine, et enregistrer la réponse d'un second cheval situé hors de portée de vue et d'ouïe. S'il y avait une réponse positive, nous arrivions à la conclusion qu'une forme de perception extrasensorielle, en l'occurrence une sensation de faim, entrait en jeu. Mais nous ne pouvions conclure qu'il s'agissait de télépathie. Aussi avons-nous mis sur pied ce que nous avons appelé « l'expérience Kit-et-Kat », inspirée par une publicité d'aliments pour chats. Ce fut la première expérience de télépathie que nous ayons jamais réalisée et nous avons utilisé le vieux Cork Beg comme cobaye.

Au départ, c'est extrêmement simple : on lui proposait deux récipients, contenant chacun une quantité égale de nourriture et je devais le diriger vers un seau ou l'autre, en me servant uniquement de la télépathie. Mais l'expérience elle-même exigeait une préparation considérable, parce qu'il y avait un grand nombre de facteurs à éliminer. La vue et l'odeur étaient facilement éliminées en se servant de deux récipients exactement semblables, avec la même avoine dans chacun d'eux. Il nous fallait résoudre une autre difficulté : la plupart des chevaux, lorsqu'ils se dirigent eux-mêmes en liberté, sont gauchers ou droitiers, mais le plus souvent gauchers : sur une ligne droite, ils obliquent à gauche lorsqu'ils avancent sans être dirigés. Sur une distance de dix yards*, la déviation de Cork Beg était approximativement de dix-huit pouces vers la gauche. Nous tirâmes à angle droit par rapport au milieu de sa porte un trait de dix yards à droite de ce même point, si bien que, lorsque Cork Beg sortait de son écurie, rien ne pouvait l'inciter à aller à un seau plutôt qu'à l'autre, et sans interférence, les chances étaient égales pour un côté comme pour l'autre. Maintenant, nous étions prêts à l'entraîner à répondre aux ordres que j'allais lui donner par télépathie et ce fut plutôt facile bien qu'un peu long. Chaque matin, lorsque je lui donnais à manger, je remplissais l'un ou l'autre des seaux, puis, j'attendais d'être absolument certain de me trouver en communication télépathique avec lui et d'avoir une

*1 yard = 0,914 m; 1 pouce = 2,54 cm.

représentation mentale visuelle du récipient qui contenait sa nourriture. Ayant fait cela, je le faisais sortir. Au bout de quelques jours, il alla directement au seau vers lequel je l'envoyais et je persévérai ainsi pendant une quinzaine de jours. Cork Beg, qui était un animal très intelligent, apprit rapidement que le seau où je lui demandais d'aller était celui qui contenait son déjeuner.

Naturellement, cette expérience exigeait aussi un certain entraînement de ma part, car je devais me concentrer totalement sur l'image mentale du seau, en ne permettant à rien d'autre de me distraire. Et je devais aussi m'assurer que, lorsque je sortais le matin, j'étais entièrement en accord avec lui. Ayant fait ces préparatifs, l'expérience elle-même était très simple. Les cinq premiers matins, je le dirigeai alternativement vers la gauche et vers la droite. Le sixième matin, pour m'assurer qu'il ne prenait pas d'habitudes, je l'envoyai encore au récipient de gauche. Le septième matin, je le dirigeai sur le récipient de gauche et le huitième matin, encore sur le récipient de gauche. Pendant quatre matinées, je l'avais envoyé sur le récipient auquel il allait tout naturellement. Le neuvième matin apportait l'expérience la plus difficile de toutes. Quatre jours de suite, il avait pris son petit déjeuner dans le récipient de gauche et le neuvième je voulais l'envoyer au récipient de droite. À mon grand soulagement, il y alla directement. S'en étant tiré avec succès, il dut le dixième jour aller de nouveau manger dans le récipient de droite ; dans celui de gauche, le onzième ; et le douzième, dans celui de droite. Chaque matin, il alla directement au bon récipient.

En comptant les préparatifs et l'entraînement, tout

cela prit approximativement un mois mais l'expérience proprement dite se déroula sur douze jours. Je l'ai dit, cette expérience requiert une concentration totale, mentalement l'image de la nourriture au fond du récipient doit être très tenace et par-dessus tout, il vous faut sentir qu'il y a communion d'esprit entre vous et le cheval. La plus petite chose peut vous distraire. Un oiseau qui traverse votre champ visuel pendant une seule seconde peut rompre votre concentration pour les cinq minutes qui suivent. Mais dans de bonnes conditions, si vous êtes en communication complète avec votre sujet, l'expérience en elle-même est extrêmement facile à réaliser. Nous l'avons réussie à 100 %, alors que normalement nous aurions accueilli comme un résultat positif une réussite de 60 à 70 %.

Toutes les expériences auxquelles nous nous sommes livrés sont très simples et peu onéreuses ; nous avons fait en sorte d'utiliser les animaux que nous avions déjà sur place ainsi que les bâtiments et la disposition de la ferme. Nous n'avons pas pu nous permettre d'édifier des constructions spéciales, ni d'acheter un équipement électronique coûteux qui aurait énormément facilité notre travail. Mais cette grande simplicité nous a obligés à être extrêmement sérieux dans nos préparatifs et particulièrement soigneux dans notre sélection des chevaux.

La recherche sur la communication par signes et par sons s'est faite avec des moyens rudimentaires, en utilisant notre pouvoir d'observation. À la vue d'un signe déterminé, nous tentions d'interpréter le message ; puis, lorsque ce même message se répétait, il venait confirmer notre interprétation, ou bien nous dirigeait vers une nouvelle interprétation. Ainsi, pendant un certain temps, nos observations nous ont complètement familiarisés avec les signes et les sons utilisés par le cheval en question. Et, pour communiquer avec lui, nous avons essayé de simuler les signes et les sons dont le cheval lui-même se servait.

Dans notre travail sur la perception extrasensorielle, il était important et délicat de choisir un couple « empathique ». Avec la télépathie, la difficulté résidait dans l'invention des expériences. Car, bien que la télépathie naturelle soit relativement courante, il est difficile d'en fournir la preuve. La communication par télépathie étant spontanée, on ne peut la répéter sous contrôle et rassembler des constatations précises. Tout cela est extrêmement ardu.

Pour résoudre ce problème, nous vérifions la communication télépathique en notant l'heure à laquelle l'image mentale est perçue ; le cheval dont elle provient doit également être identifié. J'inscris généralement mes chiffres au dos de mon paquet de cigarettes, car j'ai rarement en poche un carnet de notes. Pour donner un exemple d'un incident que j'ai enregistré, à 13 h 45, le 19 janvier 1972, j'étais assis dans ma voiture au parking de Llandeilo. Il faisait très froid, mais le temps était clair bien qu'un peu couvert et, soudain, en esprit, je vis ma femme et les deux labradors aller sur la route en direction d'un pré, sous une tempête de neige. Je voyais également mon hunter gris, Iantella, et le second hunter de ma femme, Rostellan, dans le pré. Je ne pouvais pas voir le vieux Cork Beg, je sus par conséquent que c'était de lui qu'émanait le message et je l'inscrivis. Rentré chez moi, une heure et demie plus tard, ma femme m'apprit que, devant le temps menaçant, elle avait décidé de rentrer les chevaux. Tandis qu'elle se rendait au pré, il s'était mis à neiger et elle me confirma qu'elle avait les deux chiens avec elle. Elle avait aussi regardé l'heure au moment de quitter la maison (il était 13 h 30), car elle devait se rendre à la bibliothèque à 14 heures. Comme j'avais noté l'heure de cet incident par écrit, je sus que je recevais une communication télépathique de Cork Beg. Mais il s'agit, comme vous pouvez le voir, de noter d'abord vous-même l'incident, dès que vous avez reçu la communication, et deuxièmement – ce qui est beaucoup plus difficile – de vous assurer que quelqu'un d'autre se trouve sur place et relève l'heure à laquelle l'incident se passe. Il n'y a probablement pas plus de 10 % des communications télépathiques qui soient vérifiables de cette façon, même si vous êtes maître de votre sujet.

Nous avons enregistré trois cas de télépathie à des distances variant entre vingt-quatre et vingt-huit kilomètres – la plus longue distance à laquelle nous ayons reçu une communication télépathique est d'environ trois cent quatre-vingts kilomètres, mais nous ne pûmes l'authentifier parce, à l'autre bout, la personne avec le cheval savait seulement que l'incident s'était passé « en fin d'après-midi », de sorte que nous n'avions aucun contrôle d'horaire précis. Il s'agissait de faire saillir une jument. La propriétaire de la jument « vit » l'étalon entre 16 h 45 et 17 heures. Lorsqu'elle téléphona, le soir, pour savoir si la jument avait été couverte, on lui répondit que cela s'était passé « après le thé ».

Nous avons également eu connaissance de trois cas de télépathie concernant des personnes dont les chevaux étaient en train de mourir. Dans le premier, il s'agissait d'un ami à moi qui avait un vieux cheval et, pendant qu'il était en vacances, sa femme décida de le faire abattre. Il faisait la sieste l'après-midi, lorsqu'il fut réveillé par la sensation que sa tête explosait comme dans un éclair de lumière. Lorsqu'il revint chez lui le lendemain, il apprit que son cheval était mort à peu près à cette heure-là. Il me dit par la suite que ç'avait été pour lui une expérience très étrange. Le second exemple date d'octobre 1974, alors que Cork Beg était très malade. Nous savions qu'il était en train de mourir et à deux heures et demie du matin ma femme me réveilla et me dit : « Le vieux s'en va. » Elle avait été tirée de son sommeil, en le voyant paisible, occupé à brouter dans un champ très verdoyant. Nous enfilâmes nos robes de chambre. En bas, nous trouvâmes le vieux cheval en train de rendre son dernier soupir, au moment où nous entrions. Le troisième exemple provient d'une femme que je connais et qui s'évanouit au moment précis où on abattait son cheval à huit kilomètres de là.

Nous ne sommes pas encore certains du rôle que la télépathie joue entre les chevaux, car il est extrêmement difficile de distinguer télépathie et perception extrasensorielle. Mais nous pouvons dire avec une certitude quasi totale que nous pouvons interpréter ce qu'ils nous disent et ce qu'ils se disent entre eux, et que nous pouvons également nous faire comprendre. En homme de cheval pragmatique, je mets en pratique les nouvelles connaissances que j'acquiers : ainsi j'emploie la télépathie lorsque je participe à une course au clocher ou à un parcours de chasse, ou encore lorsque je participe à un concours d'entraînement, à un « *one-day event* » (événement d'un jour). Et parce que j'utilise ces méthodes, parce que je comprends mes chevaux, j'obtiens d'eux qu'ils fassent le maximum. Par exemple, l'été dernier, j'ai pris un pari sur un cheval de 1,60 m, de cinq ans, jamais touché ni tenu par un licol et, en trente-deux jours, entre le 16 août et le 17 septembre, je le fis concourir dans une présentation de modèle et allures. Je le fis chasser, je concourus avec lui dans des épreuves de hunters et, le trentième jour, je gagnai un prix dans un concours complet pour débutants. Dans cette épreuve, il était à huit points de la meilleure note en dressage et il avait fait un sans faute au cross ainsi qu'à l'obstacle. C'était assurément un très bon cheval, très réceptif et facile à manier et je m'entendis avec lui du premier coup – mais c'est parce que j'en avais conscience que j'avais accepté le pari !

XI

COMMENT METTRE SON SAVOIR EN PRATIQUE

La technique d'entraînement par la douceur, que nous avons mise au point pour manipuler et mettre au travail des sujets n'ayant jamais été touchés ni débourrés, est probablement ce qui illustre le mieux notre façon de comprendre les chevaux et de communiquer avec eux. Nous qualifions de « douce » cette manière « naturelle » d'entraîner un cheval ; il est en effet facile d'éduquer un cheval à condition que ce dernier comprenne clairement dès le départ ce que vous attendez de lui. Elle est aussi facilement assimilable par le cheval, puisque vous utilisez un mode de communication qu'il comprend. Cela ne veut pas dire pour autant qu'elle soit plus rapide ou demande moins d'efforts pour parvenir au résultat final : elle demande autant de temps et de travail que les méthodes conventionnelles. Mais elle génère beaucoup moins de problèmes et de conflits entre le cheval et le cavalier, et nous aimons à penser qu'elle est beaucoup plus agréable pour le cheval. Au lieu de dire : « Nom d'un chien ! Il va bien falloir que tu fasses ce que je te dis ! », nous disons : « Nous allons faire ceci », ou « Nous allons faire cela ». Pour faire une comparaison avec le comportement humain, il y a autant de différence entre les commandements d'un sergent instructeur exerçant ses recrues et quelqu'un qui emmène des enfants en promenade.

En pratiquant cette éducation par la douceur, nous utilisons ce que le cheval comprend d'instinct. Par exemple, si vous avancez derrière un cheval sauvage, il s'éloignera de vous en fuyant vers l'avant, mais si vous approchez de sa tête, il s'écartera de vous en reculant. C'est simple et logique et, sur ce point, nous avons trouvé la réponse naturelle à presque chaque action ; le cheval nous comprend puisque nous nous servons tout le temps de son propre mode de communication.

Au cours d'une année, nous traitons ainsi entre trente et quarante chevaux. Si certains d'entre eux ont été manipulés depuis leur naissance, d'autres – juments et étalons de six à huit ans –, n'ont jamais été touchés ni mis en licol de leur vie, d'autres encore sont des chevaux qu'on a tenté de débourrer sans y parvenir. Nous recevons aussi un certain nombre de sujets vraiment mauvais et intraitables, dont personne ne pouvait venir à bout.

Mais sans doute peut-on mieux évaluer les avantages de notre méthode d'éducation par la douceur chez les chevaux que nous prenons dans les collines. La plupart d'entre eux n'ont jamais vu l'homme et sont complètement sauvages. Nos chevaux vivent dans des montagnes qui couvrent entre huit cents et mille hectares avec encore huit cents hectares de forêt attenante, ce qui signifie que le territoire où ils évoluent en totale liberté s'étend sur près de deux mille hectares.

Il pourrait paraître presque impossible de capturer un cheval sauvage sur un tel territoire non clôturé. Mais en réalité, c'est relativement simple. Chaque troupeau de chevaux paît sur une surface d'environ quatre-vingts hectares. Les chevaux ont leurs passages établis et leurs habitudes pour pâturer, des endroits où ils passent généralement la nuit, des endroits où ils se réfugient par mauvais temps et d'autres où ils broutent et où ils viennent boire. Si le troupeau est effrayé, les chevaux vont généralement dans la même direction, s'arrêtent au même endroit, tournent en rond et reviennent. Aussi la première chose que nous faisons est d'observer, sur une période de deux ou trois semaines, les habitudes du troupeau auquel appartient le cheval que nous voulons capturer. Nous regardons où il mange, où il boit, où il se repose, où il passe la nuit et nous notons particulièrement où il va en cas de mauvais temps, car, lorsque le temps est rude et venteux, les chevaux ne vont pas brouter au sommet de la montagne. Normalement, le troupeau vient paître dans une zone de huit ou dix hectares, mais si le temps est rude et humide, il s'abrite dans un endroit particulier, généralement sur le flanc de la montagne ou à la lisière des bois. Une fois que nous avons repéré cet endroit, nous attendons une nuit de tempête et de pluie et, tôt le matin, nous allons sur place et les faisons lentement avancer au pas jusqu'à la ferme la plus proche.

C'est plus facile qu'il n'y paraît à première vue, car les chevaux ont froid, sont malheureux et restent naturellement groupés. Nous ne nous approchons pas trop près d'eux. Dès qu'ils nous aperçoivent, ils commencent à s'éloigner. Nous avançons lentement derrière eux, en les aiguillant progressivement dans la direction que nous avons choisie. Lorsque nous voulons capturer des chevaux sauvages, nous ne courons jamais, ni ne nous énervons ou n'élevons la voix. Nous restons calmes et détendus, lents dans nos mouvements. Nous leur parlons sans arrêt afin de les détendre et de les apaiser. Nous n'allons jamais trop près d'eux et ne les faisons jamais trotter. Lentement et avec précaution, nous avançons à leurs côtés pour les diriger vers une route ou un chemin aboutissant à une ferme. Les chevaux entrent dans la cour calmement et de bon gré puis nous les faisons entrer dans une dépendance. Cela peut parfois prendre beaucoup de temps mais il faut être patient. D'abord une vieille jument regarde à l'intérieur du bâtiment – c'est elle qui mène le troupeau – puis elle entre suivie par ses poulains, les autres suivront alors très rapidement. Pendant tout ce temps, nous leur parlons d'une voix chantante, doucement et lentement. Une fois entrés dans le bâtiment, ces chevaux qui étaient un peu agités et anxieux, finissent par se détendre. Lorsqu'ils sont bien détendus, nous commençons à relâcher les sujets dont nous ne voulons pas – pour un troupeau d'environ cinq, dix, quinze et dans des cas tout à fait exceptionnels vingt-cinq ou trente sujets – nous les faisons sortir du hangar par un ou par deux jusqu'à ce qu'il ne reste que ceux que nous voulons garder. Lorsque les autres chevaux ont été renvoyés à la montagne, ceux qui restent sont très agités, car ils se retrouvent seuls, probablement pour la première fois de leur vie. Si, finalement, nous ne gardons qu'un seul cheval, il fera tout le tour de son box en hennissant au plus fort de sa voix : « Où êtes-vous ? Où êtes-vous ? Où êtes-vous donc partis ? » Si j'entre, il est absolument terrifié. Il s'agite, se cogne dans les coins du box, fait tout pour s'éloigner de moi. Son expérience précédente de l'homme n'est faite que de peur et il a été habitué tout au long de sa vie à s'en tenir le plus possible à distance. Je m'installe dans un coin, m'appuie contre un mur et allume une cigarette, en lui parlant constamment avec calme et gentillesse, m'obligeant à rester détendu. Petit à petit, j'arrive à établir un lien de sympathie et je commence à penser sur la même longue d'onde que lui. Je me sers de la perception extrasensorielle pour l'apaiser et le rassurer. Très vite il s'arrête, se tient un instant dans l'angle du box le plus éloigné de moi ; je le laisse me regarder ainsi, il semble respirer du feu.

Quand ils parlent de tauromachie, les Espagnols disent que le taureau revient toujours prendre position à un endroit déterminé de l'arène ; ils appellent cela la *querencia**. Il se passe exactement la même chose avec le cheval. Il s'approprie un endroit précis du lieu où il se trouve confiné. C'est son territoire. Il s'agit généralement de l'angle du box opposé à celui où je me tiens ; il ne lui faudra que très peu de temps pour définir cet espace et il aura tendance à y revenir s'il a peur ou en cas de problème. Une fois installé dans son coin de box, il se met à souffler à travers ses naseaux dans ma direction. Ce qu'il me dit, c'est : « Qui diable es-tu donc ? » ; je souffle à mon tour vers lui, un peu moins fort et, en réponse à son : « Qui diable es-tu donc ? » je lui demande : « Qui es-tu ? », et je descends ainsi de ton jusqu'à ce qu'il dise : « Qui es-tu ? » ; puis je passe de : « Qui es-tu ? » à : « Salut ! » Lorsque lui aussi baisse le ton jusqu'à me dire : « Salut ! », je commence à avancer lentement et doucement vers lui. Le message de base est toujours le même (Salut !) mais l'intensité du ton peut

* *(N.d.T.)* - *Querencia* : instinct qui ramène les animaux à leur gîte. Par extension, ce terme désigne l'endroit favori, le refuge.

varier du très agressif : « Qui diable es-tu donc ? » au simple « Salut ! ».

Lorsque le cheval m'a suffisamment accepté pour me saluer comme il le ferait normalement lors d'une rencontre fortuite, je peux commencer à passer au stade suivant de son éducation. Je me dirige lentement vers lui, avançant petit à petit, attendant après chaque pas qu'il se détende jusqu'à ce que j'arrive à lui. Entre-temps, tout en soufflant par la bouche, je fume ma cigarette et lui parle sans arrêt : « Tu es brave, très brave, voilà un gentil petit bonhomme. » Je m'arrange aussi pour l'aborder par son point neutre, c'est-à-dire là où il n'est incité ni à avancer ni à reculer. Si j'avance en direction de sa tête, il va reculer, si je viens derrière lui, il avancera. Il peut s'effrayer ou quelque chose peut lui faire peur lorsque je m'approche, mais quelque part entre ces deux points, à peu près aux deux tiers de sa longueur en partant de la queue, se trouve son point neutre. Si je l'effraie ou si quelque autre chose l'effraie et s'il se met à tourner tout autour de son box, je retourne dans mon coin et nous devrons tout reprendre depuis le début. Mais, cette fois, il mettra moins longtemps à se stabiliser et je pourrai m'approcher suffisamment pour toucher son flanc du bout des doigts, lentement, dans un mouvement circulaire. Avec les chevaux c'est essentiel. Lorsqu'un poulain a peur, il revient en courant vers sa mère et elle le caresse avec son nez. En simulant ce mouvement, on rassure le cheval ; c'est comme si on lui disait : « Tout va bien, tu ne risques rien. » De la même façon, lorsque deux chevaux s'approchent l'un de l'autre, ils allongent l'encolure et se touchent avec le nez ; parfois nez contre nez, parfois sur le côté. Ils soufflent en même temps l'un vers l'autre, ou bien l'un souffle pendant que l'autre le touche du nez. Ils se disent : « Qui es-tu ? D'où viens-tu ? » S'il n'y a pas de réaction hostile, ils se rapprochent davantage – c'est ce que je fais. Je commence par caresser le cheval du bout des doigts sur sa robe, puis je le caresse de la main en m'approchant davantage et en lui parlant d'une voix monocorde jusqu'à ce que mon corps soit tout près de lui. Je passe ensuite très lentement le bras par-dessus son dos jusqu'à ce qu'il atteigne l'autre côté en mettant dans mon bras tout le poids et toute la pression possibles. Je lui dis à présent : « Tu es tout à fait en sécurité, je suis là. » Lorsque deux ou plusieurs chevaux ont peur, ils se regroupent, se poussent et passent les uns sur les autres leurs encolures et leurs têtes. Ils le font pour se rassurer mutuellement. Ils disent : « Ne t'inquiète pas, tu es en sécurité, je suis là » ; les plus effrayés et les plus nerveux se rassurent au contact des plus stables et des plus tranquilles.

Mais le cou de l'homme ne mesurant que quelques centimètres, il est impossible de passer la tête par-dessus le cheval, comme le ferait un de ses congénères. J'utilise alors mon bras et ma main pour simuler le mouvement de la tête et de l'encolure du cheval. Je me sers du bout de mes doigts, comme un cheval se sert du bout de son nez, et du restant de ma main comme de sa tête, mon bras remplaçant l'encolure, si bien qu'ainsi le cheval comprend parfaitement ce que je veux lui dire.

Jusque-là, je me suis servi de trois ou quatre modes de communication : de ma voix pour rassurer le cheval, de signes et de perception extrasensorielle. Mais, chaque fois, le cheval a compris exactement ce que je lui disais et ce que je faisais, en me servant du langage qu'aurait utilisé un autre cheval, et mes gestes lui étaient familiers. À aucun moment, je n'ai forcé le cheval à faire quoi que ce soit parce qu'il a toujours eu la possibilité de s'écarter de moi. À aucun moment, il n'a eu peur, sauf quand je suis entré dans le box pour la première fois, et je n'ai rien fait non plus pour que nous soyons en situation de conflit. À ce stade, je laisse généralement le cheval seul pendant deux ou trois heures, je lui donne à manger et je m'en vais déjeuner. Je reviens auprès de lui sitôt après et recommence mon approche du matin. Au bout de deux ou trois jours, il m'accepte comme l'un des siens. La clef de cette méthode consiste à amener le cheval à vouloir faire ce que je veux lui faire faire. Un jeune cheval est nerveux, curieux et a besoin d'être rassuré. Un poulain est rassuré par sa mère qui le touche du nez, comme je le fais avec mes doigts. La jument dit à son poulain que tout va bien. En me servant de mes doigts de la même manière, je le rassure, moi aussi. Lorsque la fuite est impossible, un cheval cherche à se rassurer par un contact physique avec ses compagnons qui se serrent les uns contre les autres ; je lui donne donc le réconfort de mon corps. Lorsque je le monterai par la suite, je m'installerai sur lui, décontracté. Ainsi sa confiance augmentera, car il aura un sentiment analogue à celui que lui procurerait un autre cheval en posant sa tête et son encolure sur son dos. Chaque fois et à chaque mouvement, je lui dis : « Ça va très bien, ne t'inquiète pas. »

Pendant la semaine ou les dix jours qui suivent, je m'astreins à une routine bien établie. Trois fois par jour, chaque fois que je le nourris et que je lui porte à boire, je passe dix minutes à le familiariser jusqu'à ce qu'il me considère comme un autre cheval. Pendant ce temps, je retiens les sons et les signes dont il se sert pour transmettre chacun des quarante-sept messages, bien qu'au quotidien il n'en utilise que trente. Je saurai que je peux cesser tout mon travail d'approche, lorsque, en sortant le matin, je le verrai mettre la tête à la porte et crier : « Ça vient ce repas ? ». Et si, lorsque je lui apporte sa nourriture, il me bouscule pour y arriver plus vite en me disant : « Tire-toi de mon chemin, idiot, j'ai faim ! », je saurai qu'il me considère comme un des siens, me comprend et me fait entièrement confiance. À partir de ce moment-là, je pourrai également connaître son tempérament et son caractère. Je saurai si c'est un animal nerveux et timide qui a en permanence besoin d'être cajolé et rassuré ou un cheval placide, facile à vivre, qui ferait n'importe quoi pour avoir une existence tranquille, ou encore un sujet au caractère bien trempé, aimant dominer. La suite de mon travail en dépend. Si le cheval est nerveux et a constamment besoin de réconfort, nous procédons lentement et doucement, avec des mouvements toujours tranquilles et rassurants, en disant au cheval combien il est habile et intelligent. Il est aussi très facile d'éduquer un cheval docile ; mais parmi les chevaux qui nous sont confiés, il y en a un sur cinq ou un sur huit qui possède un caractère fort et dominateur nécessitant une certaine dose de discipline. Avant toute chose, un tel cheval a besoin d'admettre que je suis le chef du troupeau, que c'est moi qui commande et non lui. Il faut un peu de temps pour que ce message soit assimilé, car, précédemment, ce cheval était très certainement le chef du troupeau, et était habitué à donner des ordres plutôt qu'à en recevoir. Mais, avec un peu de patience, il est très simple d'instaurer la discipline pour peu que l'on se serve du langage que le cheval connaît et qu'il comprend.

La façon dont la discipline règne dans un troupeau est très stricte ; on peut facilement l'observer dans un groupe de chevaux en liberté qui font route ensemble. Le cheval qui commande (souvent une jument) se tient en tête et si quelqu'un tente de le dépasser ou s'approche un peu trop, il se retourne, menaçant de donner un coup de dents au rebelle. Accompagnant ce geste en couchant les oreilles et en disant : « Derrière ! sale petit merdeux ! » S'il essaie quand même de passer, il recevra un coup de dent, et s'il persiste, il se fera mordre pour de bon au moment où il passera. Ainsi, si quelqu'un viole le code de comportement du troupeau, le châtiment est instantané et, généralement, l'incident est clos en quelques secondes. Même si le récidiviste réussit à passer, les chevaux garderont le calme et avanceront de bon cœur l'un derrière l'autre. Aussi lorsque j'ai affaire à une jument au fort caractère, qui, lorsque je lui apporte à manger le matin, veut m'écarter de son chemin en me disant : « Va-t'en, horrible petit bonhomme ! », je réplique instantanément en lançant mon poing vers elle, agissant de la même manière qu'elle le ferait vis-à-vis d'un cheval de rang inférieur en lançant sa tête dans sa direction. Dès que j'ai lancé le poing, elle recule d'un bond dans le coin de son box, en levant la tête et en me regardant pour dire : « Pourquoi diable fais-tu cela ?». Puis elle s'avance, enchantée de me voir verser la nourriture dans sa mangeoire. Cela dure ainsi pendant deux ou trois jours. Lorsque je sors le matin, elle dit : « Où est mon repas ? ». Je le lui apporte, elle essaie de me pousser et je lui lance mon poing, en disant : « Recule, c'est moi, le patron. » Au bout de trois ou quatre jours, sans réelle bagarre et, certainement, sans l'effrayer, je suis devenu le chef du troupeau et il est clair qu'elle doit faire ce que je lui dis. Lorsque j'envoie mon poing dans sa direction, je n'ai pas l'intention de la toucher, et cela ne se produit qu'incidemment ; je mime seulement le geste de menace. Une fois ma domination bien établie, nous sommes prêts à passer au stade suivant et je peux commencer à la monter et à l'exercer.

Si l'on nous confie des chevaux venant des quatre coins du pays, la plupart provient d'un rayon d'une trentaine de kilomètres. Lorsqu'ils arrivent, nous n'avons pas toujours le loisir de les prendre en charge immédiatement, aussi confions-nous la partie initiale du travail à l'un de nos autres chevaux qui fera une grande partie du débourrage à notre place. Cela consiste tout simplement à placer le nouveau venu dans un pré avec l'un de nos chevaux les plus stables, un qui a du métier et qui jouera le rôle de maître d'école. Nous apportons à manger aux deux chevaux, tous les jours. Le premier jour, en nous voyant arriver avec la nourriture, le jeune cheval détale des quatre fers à l'autre bout du pré, tandis que l'ancien arrive vers nous au trot. Nous servons le repas dans deux seaux distants d'une vingtaine de mètres l'un de l'autre, et parlons à notre vétéran pendant qu'il mange, sans faire cas du cheval que nous avons à sociabiliser. Il se peut, au bout d'un moment, qu'il se rapproche pour voir ce que l'autre mange mais ne se tiendra pas à moins de vingt mètres de nous. Lorsque Jack, Tabby, Iantella ou Rostellan – peu importe lequel – a fini de manger, nous

nous en allons et les laissons. Naturellement, Jack, à ce moment-là, ira voir s'il y a quelque chose dans l'autre seau et s'empressera de le manger, mais nous partons et le laissons faire.

Le jeune cheval vient alors renifler ce que Jack mangeait auparavant et va voir ce qu'il mange à présent. Au bout d'un jour ou deux, le jeune cheval commencera à manger ce qui est dans le seau. Dès qu'il le fait, nous commençons à lui parler, comme à Jack. Peut-être détalera-t-il à l'autre bout du pré, mais même si c'est le cas, il reviendra au seau qui lui est destiné. Au bout de huit à dix jours, je serai en mesure d'aller directement vers lui, de lui parler d'une voix douce, de souffler vers lui par la bouche, et peut-être même de poser la main sur lui. Dès cet instant, je serai devenu pour lui un membre à part entière de son troupeau et il m'acceptera comme tel.

Au bout d'une semaine environ, nous commençons à rentrer les deux chevaux dans la cour pour leur servir les repas. Cela se fait encore très simplement. Ma femme, ou quelqu'un d'autre, met le licol au maître d'école et le conduit dans la cour tandis que je propose à l'élève de manger dans le seau, puis je prends le seau et me dirige vers la cour. Comme il y reste un peu de nourriture, l'élève se hâte de me suivre. Dès qu'il plonge la tête dans le seau, je le soulève et il me suit ainsi n'importe où. De cette façon je lui apprends à être conduit sans pour autant lui mettre un licol. Après deux ou trois jours, au lieu de tenir le seau dans mon dos lorsque je le conduis, je porte le seau devant moi, de sorte qu'il avance à côté de moi. De là, il n'y a plus qu'un tout petit pas à franchir pour que, quand il avance ainsi à mes côtés, je puisse lui passer le bras sur l'encolure. Arrivé à ce stade, il est possible de le mener en posant simplement le bras sur son encolure ; s'il avance ainsi, la tête sous mon bras, il ne reste plus qu'à lui passer une corde pour le conduire. Alors, en posant le seau par terre, et en le laissant plonger sa tête dedans, nous pouvons lui faire passer le nez à travers la muserolle du licol, puis finir de l'attacher. Encore une fois, à aucun moment il n'a eu à se débattre. En m'occupant de lui, j'ai toujours parlé d'une voix douce, et dès que j'ai pu poser la main sur lui, je l'ai amadoué en simulant avec la main le nez de la jument. Je l'ai rassuré en m'appuyant contre lui et en passant le bras de l'autre côté de son corps, comme aurait fait un autre cheval avec son encolure.

Au bout d'une semaine de ce traitement, il saura que les principaux repas se prennent à l'écurie. Quand j'ouvrirai la porte, il essaiera de passer devant moi pour arriver plus vite au but. Lorsque j'avancerai sur la route devant lui et qu'il essaiera de me dépasser, je lancerai mon poing dans sa direction, me servant du signe qu'il connaît bien et qui dit : « Derrière, minus ! ... » Il rejettera la tête en arrière, freinera et dira peut-être : « Que diable fais-tu là ? », et nous suivrons ainsi notre chemin. Mais, après un jour ou deux, il aura compris, une fois de plus, que c'est moi le patron du troupeau ; lorsque nous marcherons ensemble, il avancera au pas derrière moi sans essayer de me dépasser. Là encore, il n'a été à aucun moment effrayé, ni énervé, ni fâché.

En ayant recours à ces méthodes douces, une de nos plus belles réussites fut obtenue avec une petite jument du nom de Spitfire. J'ai vu Spitfire pour la première fois à la foire de Llanybyther. C'était une jument toisant 1,30 m, elle avait un poulain auprès d'elle et était censée être pleine à nouveau ; lorsqu'on l'amena dans le ring avec son poulain, elle fendit la foule et partit tout droit à l'autre bout. Avec d'assez grandes difficultés, on la ramena et un de mes amis l'acheta. Je la vis de temps à autre pendant les cinq ou six mois qui suivirent mais, au mois de mai, mon ami, désireux de la troquer contre un de mes chevaux, me demanda de la prendre. Il m'avoua qu'il ne pouvait rien faire de « cette putain de bestiole ». Elle ne se laissait pas capturer, elle n'était pas pleine et il ne pouvait même pas la conduire à l'étalon – il menaçait de la vendre pour la boucherie si je ne la prenais pas. Je me rendis chez lui pour la voir. C'était une jument de huit ans, à la robe alezan brûlé, et aux crins argentés. Elle avait eu deux ou trois poulains mais était maintenant apparemment stérile. Je ne pouvais pas laisser abattre de la sorte une ponette en pleine forme ; je consentis donc au marché proposé et allai la chercher à 18 heures, le soir même.

C'était une erreur... Si vous êtes prévenu que vous aurez affaire à un cheval difficile, ne vous y prenez pas en soirée, attendez plutôt le matin de façon à avoir toute la journée devant vous. Elle était dans le pré attenant au corral, en compagnie d'un certain nombre d'autres poneys, et on aménagea un passage avec des barrières. Il y avait là trois ou quatre personnes avec des bâtons, ce qui me déplaisait mais, n'étant pas chez moi, je ne pouvais rien dire. Ils passèrent tous de l'autre côté des barrières, prêts faire à ce qu'ils pensaient être un exploit. Mais nous n'eûmes pas grande difficulté. Nous réussîmes à la faire entrer dans la cour avec une demi-douzaine d'autres chevaux et à la faire pénétrer bon gré mal gré dans un grand box. Elle essaya de sauter un mur de deux mètres mais, fort heureusement, au moment où passait les antérieurs par-dessus, quelqu'un, de l'autre côté, lui donna un coup et elle dut redescendre. J'appris par la suite qu'elle avait précédemment sauté cinq fois ce mur. Elle avait aussi sauté par-dessus une grille de fer de plus de 1,50 m de haut et plus tard, je devais la voir sauter une clôture de 1,20 m et se réceptionner trois mètres plus loin de l'autre côté. Mon ami m'assura qu'ils avaient auparavant essayé, à plusieurs reprises, de la faire entrer dans le box, mais que c'était la première fois qu'ils y parvenaient. C'est probablement parce que nous avions amené les chevaux dans la cour très lentement et avec beaucoup de soin et qu'au lieu d'essayer de les chasser, nous avions ouvert la porte donnant sur la cour et avions laissé les autres poneys du troupeau y entrer tranquillement. Comme nous ne poussions pas Spitfire à y entrer, elle avait suivi les autres. Nous ne nous sommes jamais approchés à moins de vingt mètres d'elle. Une fois qu'ils étaient tous dans la cour, elle ne pouvait pas sauter par-dessus les grilles. Nous les avons alors fait passer de la grande cour vers la petite. Pour faire parcourir à ces chevaux une cinquantaine de mètres, il nous fallut pas moins d'une demi-heure mais nous ne les avons jamais pressés, nous nous sommes contentés de les faire obliquer dans la direction de notre choix.

Une fois le troupeau entré dans une grande stabulation, nous les fîmes sortir un par un. Par trois fois, Spitfire alla à la porte et essaya de se faufiler au-dehors, et, par trois fois, on lui claqua la porte au nez ; finalement nous restâmes avec elle, dans un box de 5,50 m sur 4,30 m. Nous étions à présent arrivés au moment fatidique : celui de lui passer un licol. J'entrai donc dans le box avec le licol et m'approchai d'elle ; naturellement, elle se mit à tourner autour à une allure folle. Lorsqu'elle se fut assagie, je l'approchai de nouveau. Cela dura ainsi une demi-heure environ mais, petit à petit elle se calma et je pus poser les doigts sur elle ; mais dès que je la touchai, elle se lança vers moi, m'attaquant des dents et des antérieurs. Je lui donnai un coup de poing dans la figure ; elle se retira dans son coin, je me retirai dans le mien et nous recommençâmes. Au bout de vingt minutes, je pus à nouveau poser mes doigts sur elle, et à nouveau elle m'attaqua. Une fois de plus je la frappai du poing sur le nez et chacun de nous se retira dans son coin. Comme la nuit allait tomber, il me fallait faire vite. La seule chose qui me restait à faire, était de prendre une barrière de 4,30m et de la mettre en travers du box. Je la poussai alors lentement contre le mur. J'étais à peu près à mi-chemin du mur lorsque Spitfire recula sur ses jarrets pour prendre son élan et passa directement par-dessus la barrière. Je recommençai donc. Au bout de vingt minutes, je finis par l'amener contre le mur et je pus poser la main sur elle. Je remontai la main le long de son encolure, elle s'arrangea pour tourner la tête et me mordre au bras. J'eus un mouvement de recul. Elle choisit ce moment pour passer la tête sous la barrière et la soulever. Il fallut recommencer. Sans cesser de lui parler calmement, gentiment, et d'un ton apaisant, je l'amenai contre le mur du box et mis la main sur elle ; finalement, je réussis à passer le licol par-dessus sa tête et à le boucler. Cela fait, il restait une difficulté : la conduire au-dehors. J'y parvins sans trop de peine : j'attachai une seconde longe à celle que j'avais et la fis sortir de derrière la barrière. J'enlevai la barrière du box et lui permis de me dépasser au tournant du hangar. Lorsqu'elle me dépassa, je commençai à raccourcir la corde du licol. Comme je me rapprochais d'elle, elle chercha à m'attaquer avec les dents et les antérieurs mais je la laissai me dépasser et me mis contre son épaule : j'étais donc à côté d'elle. J'arrivai à saisir le licol juste au-dessous du menton. Cela fait, je me collai contre elle et elle commença à s'apaiser. Et elle se calma lentement jusqu'à ce qu'elle avance au pas en tournant en rond, tandis que je restais appuyé contre elle. Puis je la conduisis dans la cour et m'arrangeai pour la faire monter dans la remorque, l'attachant assez court pour pouvoir la relâcher facilement. Heureusement pour moi, si elle attaquait avec les dents et les antérieurs, elle ne bottait pas. Arrivé à la maison, je l'attachai dans l'écurie pour la nuit.

Il est nécessaire ici d'expliquer exactement ce qu'en fait, cette jument et moi nous étions dit. Lorsque je l'eus fait entrer dans le box, je pus me concentrer sur elle et je suivis la procédure normale pour la réconforter avec la voix et la perception extrasensorielle. Lorsque je posai mes doigts sur elle, elle répondit en m'attaquant ; elle avait de toute évidence subi des mauvais traitements et avait découvert que le seul moyen d'y échapper était d'attaquer quiconque voulait la toucher. Elle m'attaqua donc en disant : « Recule, recule, recule, ou je te mets en pièces ». En réponse, je lui donnai un coup sur le nez et dis : « Si tu ne recules pas, c'est moi qui te mettrai en pièces », jusqu'à ce que tous deux nous nous retirions dans nos coins respectifs et recommencions.

En disposant d'un temps suffisant, si j'avais commencé avec elle le matin, comme j'aurais dû le faire, nous aurions continué ainsi pendant quatre ou cinq heures jusqu'à ce que je puisse poser la main sur elle et je lui aurais passé le licol tout simplement ; mais comme nous manquions de temps et de lumière, et qu'il aurait été pire de partir en la laissant là pour la nuit, et de revenir le lendemain, je dus recourir à d'autres méthodes pour lui passer un licol, méthodes que je n'utilise pas en temps normal.

Pendant la semaine qui suivit, je lui donnai à manger et à boire trois fois par jour, l'amadouai et m'en occupai jusqu'à ce qu'elle fût détendue et eût pris confiance en moi. Mieux encore, elle cessa de vouloir me dévorer en lieu et place de l'avoine que je lui apportais. Ensuite, vint le dernier stade : lui passer un licol. Comme je la logeai jusque-là dans un grand bâtiment où elle était attachée dans une stalle, je l'y lâchai ; elle galopa ventre à terre en tournant pour m'éviter, jusqu'à ce que, finalement, elle rentre dans sa stalle. Je la laissai là pendant deux ou trois minutes, j'allai vers elle, avec l'intention de la détendre, me servant de ma voix et détendu moi-même pour pouvoir exercer sur elle la perception extrasensorielle. Puis je m'arrangeai pour poser les doigts sur son flanc et lentement passer le bras au-dessus de son encolure et lui mettre un licol. Après quoi, je commençai à la mettre dehors pour la nuit avec les autres chevaux. Naturellement, la faire rentrer prenait du temps, car même si nous étions nombreux dans la cour, elle sautait par-dessus le plus petit pour repartir de plus belle. Mais pendant les deux mois qui suivirent, elle s'améliora progressivement, et il n'y eut plus qu'à ouvrir les portes quand les chevaux entraient, pour qu'elle les suive jusque dans l'écurie. Je n'ai jamais eu aucune difficulté à la monter : dès la première minute, je pus la diriger et la contrôler entièrement en me servant de la perception extrasensorielle. Elle devint une merveilleuse monture et, bien sûr, un cheval d'obstacle extraordinaire. Mais il fallut beaucoup de temps pour qu'elle s'y mette de bon cœur et pouvoir la ferrer sans difficulté demanda neuf mois. C'est en lui parlant toujours dans un langage qu'elle comprenait qu'elle se remit très lentement de sa haine pour l'espèce humaine et elle se mit finalement à m'aimer.

L'hiver suivant, on la mit dehors avec les autres chevaux et, vers la Noël, elle venait près de moi dans le pré, mangeait dans le seau et je la conduisais à l'écurie, le nez dans le seau, sans la moindre difficulté. Fin juin, elle était tout à fait stabilisée et absolument tranquille, bien qu'elle restât une petite monture ardente et vive qui ne convenait pas à un débutant. Je la vendis donc à un jeune couple de Glamorgan et ils en furent enchantés, mais, lorsque la jeune femme tomba enceinte, son mari trouva que la jument lui donnait trop de travail. Alors, ils la ramenèrent à la foire de Llanybyther, pour la vendre. Dès que je mis le pied sur le champ de foire, je sus qu'elle était là. Je le sentais. J'allai droit à la grande écurie et ma Spitfire bien-aimée y était ! Je regrettais de l'avoir vendue, je ne pouvais pas la laisser repartir, je la rachetai donc et elle est maintenant pleine d'un étalon anglo-arabe. J'espère qu'elle aura un poulain pour moitié aussi bon qu'elle. Voilà un cas où le traitement par la douceur était le seul moyen d'obtenir un résultat, et si nous n'avions pas pris cette jument elle aurait été abattue.

Naturellement, je préfère de loin traiter un cheval très difficile plutôt qu'un facile et qui marche droit.

Lorsqu'un cheval complètement impossible à mener ou à monter prend plaisir au travail et veut faire bien, cela me procure un plaisir immense.

Ce n'est qu'après avoir obtenu d'un cheval qu'il avance régulièrement et calmement que je commence à le monter.

Ma méthode est très simple. Le matin, en me rendant près de lui, je procède toujours de la même façon. D'abord, j'amadoue ma future monture pendant près de cinq minutes. Lorsqu'elle se tient tranquille, je touche ma jument au passage de sangle. La peau tressaille, elle tient une oreille en avant et l'autre en arrière pendant que je décris des mouvements circulaires avec les doigts : « Brave petite ! » À présent, mes deux mains à plat sur son corps, j'effectue de plus grands cercles, je me penche sur elle, travaillant ainsi sur l'avant et l'arrière du dos ainsi que des deux côtés de l'encolure. Si elle fait un pas en avant, on suspend un peu ce travail jusqu'à ce qu'elle se rassure et porte bien les deux oreilles en avant. Maintenant, ses muscles sont détendus, les tensions de son corps s'effacent ; mentalement, nous sommes en accord. On reprend ce travail de massage sur l'avant-main, en remontant le long de l'encolure. Si elle a une démangeaison sous le menton, on la gratte. Nous sommes prêts maintenant pour mettre le licol ; on travaille en remontant le long du dos, on met le licol en place, on continue sur l'avant-main, on passe le licol de l'autre côté de l'encolure, puis par-dessus les oreilles. Je finis d'ajuster le licol et je demande à ma femme de tenir la jument. Je prends la selle, en faisant tinter les boucles de la sangle et cogner les étriers, je passe la selle au-dessus d'elle et la pose sur son dos. Elle se raidit et avance. Ma femme qui la tient et la calme, continue de la flatter, elle avance avec elle. J'enlève la selle, elle reste tranquille. Je remets la selle, doucement en mettant une main sous son ventre, j'attrape la sangle et boucle un sanglon très lâche, en parlant sans arrêt. Je boucle le deuxième sanglon plus serré. Je resserre le premier sanglon et attache la sangle aussi serrée que possible. Elle proteste et fait le tour du box, mais ma femme est toujours à ses côtés et lui parle avec douceur. Elle reste calme. On ajuste encore un peu plus, puis on lui passe un filet équipé d'un mors très doux. Me tenant contre son corps et caressant ma jument à l'épaule et au flanc, je lève la jambe gauche. Ma femme m'aide à me mettre en selle. Je m'installe en travers du dos. Elle avance. Je me laisse glisser et marche à côté d'elle jusqu'à ce qu'elle s'arrête. Je remonte encore une fois, je passe la jambe par-dessus, je me redresse lentement en parlant toujours avec douceur, les pieds chaussés dans les étriers. Elle fait le tour du box, s'arrête, ma femme attache la corde du licol autour de l'encolure de la jument, ouvre la porte et sort. Elle suit, regarde par la porte le chemin qui mène à la montagne. Je claque de la langue, nous passons la porte, puis la grille, et nous voilà sur la route, ma femme marche quatre ou cinq mètres devant nous. Quarante ou cinquante mètres plus loin, je dis : « Ho ! » et retiens doucement les rênes. Ma femme s'arrête, la jument aussi. Je fais claquer ma langue, ma femme avance, la jument suit. Encore quarante mètres : « Ho ! » et nous nous arrêtons tous. Je fais claquer ma langue, nous repartons. Après avoir fait cela trois ou quatre fois, elle s'arrêtera et avancera au commandement, alors nous faisons demi-tour et rentrons à la maison, sans cesser de parler, nous arrêtant encore et repartant tous les trente ou quarante mètres. Mais ma femme marche à présent cinquante mètres derrière nous. On rentre dans la cour et dans l'écurie, je glisse de la selle rapidement et tranquillement.

Lorsque vous attrapez un jeune cheval – au pré ou à l'écurie – et que vous posez la main sur lui avant de le calmer, ne l'abordez jamais ni de face ni de dos, approchez-vous de lui à angle droit et au milieu de son corps. Détendez-vous mentalement et accordez-vous avec lui. Si vous et votre cheval êtes accordés et pensez sur la même longueur d'onde, vous éviterez un grand nombre d'erreurs. Mais si vous ne vous entendez pas, vous serez ennuyé dès le début, et vous vous bagarrerez sans arrêt. Nous essayons toujours de former nos chevaux dans un espace réduit, (de 3,30 m sur 3,30 m environ), parce que nous trouvons que cela permet un maximum de contact physique et mental tout en laissant assez d'espace au cheval pour s'éloigner de nous. Jusqu'à ce que le temps soit venu d'abandonner le box, vous utiliserez les sons, les signes et la perception extrasensorielle pour détendre et rassurer votre cheval, mais pour obtenir le mouvement et la direction, vous devrez aussi vous servir de la télépathie. Vous vous représentez en esprit l'endroit où vous désirez aller, si bien que le cheval lui aussi veut y aller. À chaque instant, il faut essayer d'amener le cheval à vouloir faire ce que vous désirez qu'il fasse. Les premières fois, votre assistant marche devant vous ou vous conduit. Vous vous apercevrez que le cheval assimile très vite les mots d'ordre auxquels il répond naturellement : un « Ho ! » légèrement étiré pour l'arrêter, un claquement de langue pour le faire partir. Il ne comprend pas d'emblée des mots comme : « Au pas ! », « Trotte ! », mais les apprend par la suite. Il faut à peine se servir du mors et toujours garder une rêne lâche. Installez-vous bien en place dans la selle, les pieds bien chaussés dans les étriers, pour vous assurer un meilleur contrôle au cas où les choses iraient mal. L'idée qu'il n'existe qu'une seule façon de monter est fausse et il convient d'adapter sa technique aux activités que vous pratiquez : steeple-chase, saut d'obstacle, dressage, course... Ainsi, lorsque vous montez un jeune cheval, vous aurez soin de choisir une position adéquate qui vous offrira le maximum de sécurité, au lieu de vous tenir reins et buste cambrés, et les orteils posés dans un équilibre précaire sur le bord de l'étrier.

Le plus important est de se souvenir d'une chose : restez toujours naturel quand vous parlez au cheval. Du moment qu'il prend plaisir à ce qu'il fait, prenez-y plaisir vous aussi. Si vous êtes mentalement en accord avec lui vous pouvez comprendre tout ce qu'il vous dit. Vous comprenez ce qu'il dit lorsqu'il tend ses muscles, vous observez l'angle de ses oreilles et tous les sons ou signes qu'il émet. Mais par-dessus tout, vous pouvez ressentir ce qu'il pense et il peut sentir que vous êtes détendu et heureux.

La façon la plus simple d'habituer un cheval à être monté est celle que nous utilisons très souvent avec les chevaux que nous mettons au pré et que nous rentrons tous les jours. Après avoir ramené un cheval à l'écurie pendant quinze jours ou trois semaines, je le conduis vers un talus et je le laisse brouter. Je me penche en travers de son dos et me fais porter jusqu'à la cour. Quelques jours plus tard, je passe la jambe par-dessus et le monte ainsi, en licol, pour rentrer et sortir, ce qui ne le dérange nullement. Cela fait naturellement partie de ses habitudes et il commence à apprendre les signes et les sons qu'il associera à ses conversations avec les humains. Quand il est tout à fait accoutumé à être monté pour rentrer à l'écurie et pour aller au pré, il n'y a plus qu'un tout petit pas à franchir pour l'emmener faire un tour d'une demi-heure avec un compagnon. Je peux le monter à cru avec un licol ou le brider et le seller. Lorsque je commence à faire cela, je lui apprends à s'arrêter et à repartir, mais seulement par séances de trois ou quatre minutes à la fois. Je sors le cheval avec son compagnon, chaque jour, pendant vingt à trente minutes, avec deux ou trois séances d'enseignement de trois ou quatre minutes chacune.

Parfois, pour faire une démonstration, il nous arrive de prendre un cheval sauvage sur la montagne et de lui faire porter un cavalier très tranquillement pendant une demi-heure ou une heure, en nous servant simplement des sons et des signes que le cheval comprend. Mais normalement, nous utilisons la perception extrasensorielle et la télépathie sur un cheval débourré et tout à fait soumis, et il ne s'agit que de s'accorder avec lui du premier coup et de l'amener à faire ce que vous voulez. En vous servant de nos méthodes, vous n'avez pas à lui apprendre à obéir à des ordres : il n'y a aucune raison pour qu'il connaisse les mots : « Au pas ! » ou « Trotte ! ».

Voici une petite histoire au sujet d'un homme que le garde champêtre avait arrêté, l'accusant de braconner avec l'aide de son chien. Il affirma à l'agent que son chien ne chassait pas les lapins de garenne. N'ayant reçu qu'une réponse grossière, le braconnier dit : « Eh bien, vous allez voir. » Il emmena son chien et le garde champêtre dans un champ peuplé de lapins et dit :

« Vas-y, vieux, attrape ! » Le chien ne bougea pas. Il avait beau répéter : « Allez, va m'en attraper un ! » le chien restait sur place sans broncher. Finalement, le garde champêtre, écœuré, partit. Dès qu'il ne fut plus en vue, le braconnier se tourna vers son chien et lui dit : « Chope-le ! ». Bien entendu, le chien se précipita sur un lapin et l'attrapa.

En conclusion nous pouvons dire que les commandements des humains ne signifient rien en eux-mêmes pour un animal et doivent leur être appris. Mais si vous utilisez les signes, les sons et les signaux qu'il comprend, vous obtiendrez une réponse naturelle qui rendra l'entraînement de votre cheval infiniment plus facile.

XII

COMMENT TIRER LE MEILLEUR DE VOTRE CHEVAL

Pour comprendre et vous faire comprendre de votre cheval trois choses sont indispensables : la patience, le discernement et un temps illimité. Vous aurez besoin de patience pour consacrer un nombre infini d'heures à observer et à fixer dans votre mémoire les signes et les sons qu'il emploie pour communiquer avec vous et avec les autres chevaux ; de discernement ou de compréhension pour vous rendre compte qu'un cheval ne pense ni ne s'exprime comme un être humain ; et un temps illimité pour accomplir votre tâche, car il s'agit bien d'une tâche... qu'il nous a fallu vingt ans pour mener à bien. Il est de toute première importance de faire preuve de discernement. Si vous considérez un cheval comme un être humain, vous ne serez jamais en mesure de le comprendre, ni de vous faire clairement comprendre de lui. Vous n'avez qu'à observer un groupe de chevaux sauvages au pré pour vous apercevoir que leurs réactions et leur comportement sont complètement différents des nôtres. Un cheval s'approche-t-il d'un autre ? vous verrez ce dernier se tourner vers lui et l'attaquer des dents et des pieds. Mais en conclure qu'ils sont pour autant ennemis serait une erreur. Les chevaux, tout amis qu'ils soient, se bottent ou se mordent aussi facilement que les hommes discutent entre eux, mais c'est toujours une réaction immédiate, qui ne prend guère plus d'une minute ou deux. Un cheval n'est pas un être humain et le plus grand obstacle à la compréhension d'un animal, c'est l'anthropomorphisme qui consiste à attribuer aux animaux une personnalité et un comportement qui nous sont propres.

Rappelez-vous aussi, car ceci est important, qu'aucun sujet ne réagit exactement comme un autre aux mêmes stimuli. Si vous voulez comprendre ce que dit votre cheval, commencez par essayer de mettre un semblant d'ordre dans les sons et les signes dont il se sert et que vous comprenez déjà – vous serez surpris de constater le nombre de signes qui vous sont déjà familiers. Si vous êtes en contact étroit avec un grand nombre de chevaux, le mieux est de commencer à vous concentrer sur un seul cheval, celui dont vous vous sentez le plus proche. Lorsque vous aurez trouvé ce que vous comprenez déjà dans ce qu'il dit, vous pourrez commencer à en dresser la liste. Vous trouverez que ce procédé est très long, mais, au bout de six mois, si vous avez vraiment des atomes crochus avec le sujet, vous devriez être capable de comprendre en grande partie ce qu'il dit. Vous devriez trouver de vingt-cinq à trente messages de base.

Vous pouvez alors essayer de comprendre les signes et les sons utilisés par vos autres chevaux et découvrir comment ils transmettent le même message de base. Par exemple, si vous êtes en contact avec vingt chevaux et que vous prenez comme message de base : « Sois le bienvenu », vous trouverez probablement huit à douze variations différentes dans l'expression de ce message ; vous ajouterez donc ces variations à votre vocabulaire.

Lorsque vous avez votre liste de messages de base (au total quarante-sept), vous pouvez commencer à étendre votre vocabulaire en parlant au cheval. Vous vous servirez bien sûr de votre voix mais les mots employés importent peu, ce qui compte pour l'animal, c'est le ton de la voix. Alex Kerr, le dompteur de lions de Ertram Mills' passait beaucoup de temps à dresser un lion ou un tigre, et lui faire faire la moindre chose pouvait prendre cinq à six heures. Il parlait sans arrêt à l'animal et il avait découvert que le seul moyen de se détendre était de jurer. Aussi apprit-il à jurer dans toutes les langues imaginables. Il prononçait les jurons les plus abominables d'une voix unie, douce et caressante ; il injuriait ses lions et ses tigres pour éviter de se mettre en colère contre eux.

Autre chose : lorsque vous utilisez des signes, faites en sorte que vos mains et vos bras cessent d'être des mains et des bras pour devenir têtes et encolures ; en le caressant il faut que le cheval ait le sentiment d'être caressé par la tête et le nez d'un autre cheval et quand vous le tapez, que ça le picote exactement comme la morsure d'un autre cheval.

D'autres mouvements dont vous vous servez sont très similaires à ceux d'un cheval, vos jambes peuvent avoir la même action que ses postérieurs : si par exemple il vous botte, vous vous servez exactement du même mouvement pour lui envoyer un coup de pied.

S'il vous décoche un coup de pied, il est important pour vous de répliquer aussitôt par le même geste : si vous ne faites rien, il pensera qu'il vous a dominé par sa colère. De toute façon, mieux vaut réagir tout de suite que d'attendre d'être sorti de l'hôpital six semaines plus tard. Dans un troupeau, vous remarquerez que si un cheval inférieur botte le chef, celui-ci répliquera par un coup beaucoup plus dur et avec beaucoup plus de fermeté ; mais si le chef décoche une ruade à un cheval d'un rang inférieur, ce dernier s'écartera de son chemin. Donc si vous ne réagissez pas quand votre cheval vous donne un coup de pied, il en conclura aussitôt que vous lui êtes inférieur dans la hiérarchie sociale du troupeau. Ce n'est que si vous ripostez qu'il vous reconnaîtra comme supérieur.

Lorsque vous pouvez interpréter tous les signes et les sons dont se servent vos chevaux et qu'ils peuvent interpréter ce que vous leur dites, vous pouvez commencer à vous servir de vos sentiments et de votre instinct pour interpréter les messages extrasensoriels. Ce n'est pas aussi extraordinaire qu'il y paraît : il s'agit simplement d'accroître une faculté dont vous vous servez déjà, car, une fois que vous avez le sentiment de ne plus faire qu'un avec votre cheval, il n'y a plus qu'un tout petit pas à franchir pour pouvoir connaître ses dispositions et ses sentiments.

Au début, vous devriez être capable de dire s'il est détendu ou agité, avant même de l'avoir vu ; et plus vous vous occuperez de lui, à condition de penser sur la même longueur d'onde, mieux vous le comprendrez. Toutefois, il est un risque dont tout un chacun devrait se garder : celui de croire qu'il possède le don de la perception extrasensorielle et qu'il peut vraiment pénétrer les pensées de son cheval ou de tel autre animal dont il s'occupe. Il faut savoir faire le distinguo entre perception extrasensorielle et imagination.

Lorsque vous percevez un cheval, vous savez ce

qu'il sent et ce qu'il s'apprête à faire, et votre certitude est telle qu'il ne subsiste aucun doute. Il est impossible de se tromper. Une part de votre savoir provient obligatoirement de l'utilisation de vos yeux et de vos oreilles et de la connaissance que vous avez du cheval et de ses réactions : si un cheval couche ses oreilles en arrière et arrondit le dos, vous savez qu'il va faire un saut-de-mouton. Mais si vous pénétrez l'esprit de ce cheval, vous sentirez monter la tension et vous aurez le ventre noué longtemps avant qu'un signe soit visible. Vous sentirez sa faim et son impatience en allant chercher son fourrage, même si vous ne pouvez pas le voir et longtemps avant qu'il ne cogne son récipient et ne hennisse.

Une des manières d'étendre votre relation extrasensorielle avec votre cheval consiste à le monter sans utiliser les rênes, en le guidant et en le contrôlant entièrement par la pensée. Au début, cela vous paraîtra extrêmement difficile mais, dans le temps, vous vous y ferez.

N'oubliez jamais que vous utilisez un mode de communication qui laisse place au libre arbitre du sujet. Le cheval peut ne pas être d'accord avec vous, et, s'il ne vous obéit pas, vous n'avez aucun contrôle sur lui, vous ne pouvez compter que sur son bon vouloir. Vous pouvez dire : « Va à gauche » et il peut rétorquer : « Non, je vais à droite ». Vous pouvez dire : « Trotte ! » et il peut répondre : « À quoi bon ! ». Mais lorsque la perception extrasensorielle et la télépathie jouent pleinement et réciproquement entre vous, vous verrez que les différends sont rares et que vous désirez tous les deux suivre le même chemin.

Il m'arrive aussi parfois d'avoir des difficultés avec

le libre arbitre des chevaux.

Quand je les fais sortir, je les laisse en liberté dans la cour et ils descendent la route ou montent sur la colline, dirigés vers le pré de mon choix à la fois par habitude et par mes messages télépathiques. Mais, parfois, ils disent : « Au diable, si nous allons là-bas, nous voulons aller ailleurs », et ces jours-là, je dois me bagarrer pour les remettre sur le bon chemin. Ces conflits sont inévitables. Lorsque vous dirigez un cheval avec votre esprit, il est libre de rejeter vos suggestions ou de les accepter. Plus vous percerez les intentions d'un cheval, plus il percera les vôtres, et moins souvent vous rencontrerez cet inconvénient.

Mais si vous avez le caractère faible, un mot d'avertissement avant d'utiliser mes méthodes : quoi que vous fassiez, évitez de devenir un zombie qui se laisse mener par un quadrupède paresseux et pour lequel vous travaillez soixante heures par semaine de manière à gagner suffisamment pour *lui* assurer le confort auquel il a été accoutumé.

APPENDICE

LES DIX COMMANDEMENTS DE L'USAGER

La plupart des difficultés sérieuses qui surviennent entre un cheval et son propriétaire sont purement et simplement dues au fait qu'ils ne sont pas assortis ; le tempérament du cheval ne convient pas à celui de son maître, ou bien le cheval est inutilisable pour l'activité à laquelle on le destinait. C'est ainsi qu'une personne nerveuse ne devrait pas avoir un cheval excitable et que le cavalier qui veut aller bon train ne devrait jamais prendre une monture qui ne pense qu'à flâner en regardant le paysage.

C'est pourquoi l'acquisition d'un cheval est si importante et mérite beaucoup plus de réflexion et de préparation qu'on ne lui en consacre généralement.

D'abord, chez qui acheter ?

Acheter chez un marchand digne de confiance présente bien entendu des avantages : a) Il y a de grandes chances pour qu'il soit un excellent juge en ce qui concerne les chevaux et b) Si le cheval que vous lui achetez ne fait pas l'affaire, il vous l'échangera probablement contre un autre. Mais vous devrez le payer généreusement pour ses compétences.

En revanche, je déconseillerais à une personne

inexpérimentée d'acheter un cheval à un particulier car, si j'en crois mon expérience, les particuliers ont une notion fortement exagérée de la valeur de leur cheval et sont totalement aveugles à ses défauts. Si votre bourse est bien garnie, vous pouvez acheter à un particulier un cheval connu et qui a fait ses preuves ; mais si elle est aussi mal garnie que la mienne, achetez lors de ventes aux enchères publiques.

Pour cela, il faut être capable de juger raisonnablement un cheval ou, à défaut, vous faire conseiller par une personne compétente. Le meilleur avis serait sans aucun doute celui d'un vétérinaire, mais il n'est pas évident qu'un vétérinaire consente à vous accompagner à une vente aux enchères ; vous pourrez peut-être emmener un enseignant d'une école d'équitation, qui possède dans ses écuries des chevaux du genre de celui qui vous tente – à condition, naturellement, qu'il n'ait pas lui-même un cheval à vous vendre.

Si vous décidez de vous rendre à une vente aux enchères, choisissez-en une qui se déroule dans une région où on élève des chevaux –certaines sont plus réputées que d'autres. On y trouve une plus forte proportion de chevaux issus d'élevages professionnels que dans des zones plus urbaines, où sont mis à la vente un grand nombre de chevaux de différentes provenances comptant, parmi eux, davantage de sujets douteux.

Mais les ventes aux enchères situées en région d'élevage peuvent parfois poser des problèmes de distance et de coût de transport. Vous avez trois solutions. Il se peut que lors des enchères vous rencontriez quelqu'un qui ait encore de la place dans son camion, mais cela demande un peu de chance. Vous pouvez louer un van et assurer le transport vous-même, ou mieux encore, persuader une autre personne possédant un van ou un camion, désireuse d'acheter un cheval, de vous accompagner.

Dans ce type de vente, recherchez plutôt un cheval qui vous paraîtra peut-être, de prime abord, un peu maigre, un peu ingrat, mais qui ne pourra que prendre de la valeur. Si vous achetez un cheval bien lustré, et de belle apparence, il vous en coûtera beaucoup plus cher, et il est possible que cela masque des défauts.

Si vous achetez un cheval dont la bonne santé vous est garantie, faites faire une visite d'achat par un vétérinaire sitôt rentré chez vous*. Si l'on vous a dit que votre cheval demeurait calme dans la circulation, montez-le tout de suite dans un trafic intense. Il est conseillé de savoir bien lire les annonces des catalogues de vente. Si l'on vous dit qu'il est tranquille lorsqu'on le monte, cela ne signifie rien de plus vis-à-vis de la loi. Vous dit-on qu'il est bon sauteur : vérifiez qu'il saute bien. Si l'on prétend qu'il convient à un débutant, trouvez le plus grand débutant que vous connaissiez, installez-le sur le dos du cheval et voyez comment ça se passe.

Ne vous en déplaise, j'ai ma propre interprétation des descriptions qui figurent dans les catalogues de vente. Voici à peu près ce que cela donne : « Facile à monter » signifie en gros : « N'a pas fait de saut-de-mouton ni pris le mors aux dents depuis une semaine et le vendeur espère qu'il ne vous videra pas avant le délai d'annulation de la vente. » « Récemment débourré »

* *N.d.E :* En France l'acheteur dispose légalement d'un délai pour faire annuler la vente ou en réduire le prix (il est de 9 jours pour les boiteries anciennes intermittentes, l'immobilité, le tic, l'emphysème pulmonaire, le cornage chronique et de 30 jours pour la fluxion périodique des yeux).

signifie que le vendeur espérait le vendre comme cheval facile à monter, mais, ayant vu le cheval éjecter son fils l'avant-veille, il ne peut le garantir sur ce point. « Déjà monté » signifie que le fils du propriétaire a été mis sur son dos et immédiatement éjecté par un saut-de-mouton ou une ruade. « Fera un gagnant d'une *épreuve d'un jour* » signifie qu'il n'est bon ni pour faire un cheval d'obstacle, ni pour la course au clocher, ni pour un concours de dressage. « Bon chasseur » signifie « Peut participer à la chasse, à condition de ne pas l'amener trop près des chiens et de ne pas lui faire quitter la route ». Mais ne voyez ici que ma façon humoristique d'exprimer un scepticisme indispensable.

Jamais, au grand jamais, ne croyez ce que vous dit quelqu'un qui cherche à vous vendre un cheval. Il est probablement de bonne foi, mais les propriétaires de chevaux sont comme des mères qui ne voient jamais de défauts chez leurs enfants et ne leur reconnaissent que des qualités. Lorsque vous achetez un cheval, ce sont justement ses défauts qu'il vous intéresse de connaître, pas ses vertus.

Mais ne vous laissez pas trop décourager par ces propos et rendez-vous à une vente aux enchères ; vous devriez y voir des chevaux moins chers que n'importe où ailleurs, avec quelque chance d'y trouver un bon élément n'ayant pas trop travaillé. Souvenez-vous toujours qu'un poney de 1,30 m est moins cher à l'automne qu'au printemps et qu'un hunter est moins cher au printemps qu'à l'automne.

Le type de cheval que vous achetez est, bien entendu, d'une importance capitale. Avant tout, prenez honnêtement en considération votre propre personnalité. Si vous êtes nerveux ou souffrez de vous trouver à cheval dans une circulation intense, prenez un cheval tranquille. Il n'est pas bon pour vous d'acheter un pur-sang ou un arabe qui ont tendance à s'exciter. Si, en revanche, vous êtes vif et voulez participer à des compétitions, ce type de cheval convient parfaitement. Si le cheval doit passer tout l'hiver dehors, orientez votre choix vers un type rustique, parce que l'hiver au grand air leur convient, tandis que les pur-sang anglais ou arabes doivent être mis à l'abri.

Lorsque vous l'achetez, votre cheval vous livre la clef de sa personnalité selon la manière dont il se comporte, la façon dont il se tient dans l'écurie, en dehors du ring, lorsqu'il circule dans la foule. Il y a des chevaux que la foule inquiète et d'autres qu'elle laisse indifférents. Certains sont irritables, d'autres placides. Cela vous donnera des indications. Mais il importe par-dessus tout de choisir un cheval avec lequel vous avez des atomes crochus : un de ceux qui semble vous parler à vous et pas à un autre. Je me dis souvent qu'acheter un cheval est beaucoup plus important que de prendre femme. Après tout prendre femme ne vous coûtera guère que les frais d'État civil, et, pour peu que vous vous donniez la peine de bien la choisir, vous pourrez l'envoyer travailler et obtenir qu'elle s'occupe de vous de la façon qui vous convient le mieux. Mais un cheval aura déjà un certain prix à l'achat et, de surcroît, vous coûtera cher en entretien, la différence est grande. Si vous avez un bon cheval, cela en vaut la peine. Mais s'il est mauvais, c'est une catastrophe.

Maintenant que vous avez acheté votre cheval pour le meilleur et pour le pire et que vous l'avez ramené chez vous, tous les pontifes locaux ont fait cercle autour de lui, ont fait devant vous des réflexions agréables et dit des méchancetés dans votre dos. Vous ne pouvez l'éviter. Quel que soit le cheval que vous achetiez, ils vous critiqueront toujours dès que vous aurez le dos tourné. Mais, ayant passé là-dessus et vérifié soigneusement la véracité de la garantie, il est temps de commencer à le former. S'il est dehors, il est essentiel, en tout cas au début, d'aller le voir tous les jours, de vous occuper de lui et de lui parler. Que vous le montiez ou non, sortez et allez lui parler dans le pré, pendant une demi-heure ou une heure. Mais il ne s'agit pas simplement de rester à un bout de pré et de l'apostropher de loin, s'il est à l'autre bout. Remplissez vos poches de friandises conçues spécialement pour les chevaux, approchez-vous pour lui en offrir, parlez-lui, observez-le et faites connaissance avec lui. Apprenez à le connaître, comme une personne. Vous saurez que vous commencez à l'intéresser, primo, lorsqu'il vous accueillera avec un frémissement de bienvenue et qu'il viendra vous parler ; et secundo, lorsque vous le verrez tenir à distance les autres chevaux, chaque fois qu'ils tenteront de s'approcher de vous pour vous parler. Cette dernière disposition vous montrera que vous lui appartenez, que vous êtes à lui. Il prendra désormais soin de vous et fera n'importe quoi pour vous.

La prochaine étape consiste pour vous à attraper votre cheval. Si le sujet est quelque peu rétif, il existe pour cela un procédé type. Il faut d'abord l'habituer à venir manger dans un seau et, lorsqu'il y mange en toute confiance, vous pouvez commencer à lui apprendre à se laisser attraper.

De toute façon, il est en général beaucoup plus simple de le conduire à l'écurie en suivant un seau (à condition qu'elle se trouve à une distance raisonnable du pré et qu'il n'y ait pas à traverser de route à grande circulation) plutôt que de lui passer le licol dans le pré et le conduire en le tenant par la longe.

J'ai dû utiliser cette technique, il y a encore très peu de temps. Quatre de nos chevaux s'étaient échappés sur la montagne de Llanybyther : deux d'entre eux étaient de jeunes sujets auxquels on n'avait jamais mis de licol et les deux autres ne se laissaient pas attraper facilement. Mais je les avais nourris dans le pré et lorsque je venais leur parler ils s'approchaient et venaient manger dans le seau. Après avoir cherché pendant plus de deux heures, on finit par les trouver à plus de quatre kilomètres de chez nous, sur l'autre versant de la montagne. Je me plaçai à trois ou quatre cents mètres d'eux, grattai le seau en les appelant, et ils accoururent ventre à terre. Dès que chacun d'eux eut mangé un peu du contenu du seau, j'avançai en direction de la maison et tous les quatre me suivirent, couvrant les quatre kilomètres en mangeant de temps à autre, et sans aucune difficulté. Si j'avais voulu les attraper en leur passant un licol, il m'aurait fallu des heures pour les ramener...

De temps à autre, bien entendu, vous mettrez votre cheval à l'écurie. Il peut y rester tout le temps, mais vous pouvez aussi ne l'y conduire que pour le seller et le brider. Or c'est là que s'opère un travail vraiment très important. Vous devez faire en sorte que le cheval comprenne très clairement ce que vous attendez de lui. Il faut pour cela être logique. Il n'est pas bon de lui apprendre un jour à manger dans votre poche et de lui donner une tape sur le nez le lendemain parce qu'il aura voulu le refaire. C'est là que vous lui apprendrez qu'il est un subordonné dans le troupeau, par rapport à vous qui en êtes le chef. Vous ne devez pas le laisser vous bousculer et, s'il vous mord ou vous botte, mordez-le et donnez-lui un coup de pied en retour. Sur ce point, il n'y a pas deux façons de faire. Il doit se fier à vous en toute chose, tout autant que vous devez être en mesure de lui faire entièrement confiance, et comment pouvez-vous espérer le diriger une fois monté sur son dos, si vous ne pouvez pas le contrôler à pied. Si vous avez peur de lui à pied, vous aurez peur de lui quand vous le monterez. Et c'est à pied, à l'écurie, que vous ferez progresser les rapports de confiance entre vous. Si vous n'en êtes pas capable, il vaut mieux le vendre tout de suite à quelqu'un qui saura s'en occuper, plutôt que de le garder auprès de vous où il ne serait pas heureux. C'est une prétention exagérée qui vous fait croire que vous soignez votre cheval mieux que n'importe qui et que vous l'aimez plus que tout autre. La plupart des gens aiment leurs chevaux, sinon ils ne les garderaient pas, et ils les soignent de leur mieux. Il est donc important que le cheval appartienne à quelqu'un qui saura le diriger et le comprendre, plutôt qu'à un maître qui en a peur. Un cheval gâté est comme un enfant gâté : il est malheureux, mécontent et a tendance à être mal éduqué. Je crois que, de nos jours, on maltraite beaucoup plus les chevaux et les chiens par un excès d'indulgence et un manque de discipline que par pure cruauté.

Tout le temps que vous passez auprès de votre cheval, au pré, à l'écurie, et lorsque vous le montez, vous devez lui parler et essayer d'observer et de comprendre les signes et les sons dont il se sert à votre égard. Vous arriverez ainsi à une meilleure entente entre vous et obtiendrez d'excellents résultats.

Le nourrir est extrêmement simple. Un cheval doit être bien nourri mais pas gavé. Rappelez-vous simplement que lorsqu'on met un cheval au pré, il choisit sa nourriture ; une pâture qui, aux yeux d'un profane, contient beaucoup d'herbe peut représenter pour lui des conditions de disette, car le cheval aime l'herbe tendre et courte et ne mange pas l'herbe drue. Les herbes hautes et touffues ne sont pas bonnes à donner à brouter à un cheval ou à un poney.

J'ai parlé de la discipline à pied ; la discipline montée lui est très semblable. Nous faisons en sorte que nos chevaux se réjouissent de ce qu'ils font, mais il arrive parfois que le cheval soit dans l'obligation de faire des choses qu'il n'aime pas. Il va simplement de soi qu'on ne doit jamais demander à un cheval un effort dont il n'est pas capable. Mais, une fois que vous lui avez demandé quelque chose, vous devez persévérer jusqu'à ce qu'il le fasse. J'ai récemment consacré quatre heures à faire gravir à un cheval un talus peu élevé, alors qu'il y avait une barrière ouverte vingt mètres plus loin.

Tout est une question de patience et de détermination. Il est très rare que je frappe ou fouette un cheval et, lorsque je monte, il est exceptionnel que je prenne une cravache. Je n'ai pas de conseil à vous donner sur la façon de traiter un cheval qui se conduit à la perfection ; il y a simplement des cas exceptionnels, où la discipline s'impose. Quand le cheval me dit : « Non, je ne veux pas », je le frappe durement, et quand je tape sur un cheval, je tape dur. Je ne me contente pas de le tapoter avec une cravache, je le marque d'un coup de fouet des deux côtés, pour qu'il s'en souvienne et que je n'aie pas à recommencer. Lorsque j'observe certains cavaliers, rien ne m'agace davantage que de les voir tapoter avec leur cravache les flancs de leur monture. Ça ne fait ni chaud ni froid au cheval, ça ne fait que l'ennuyer.

Donnez à votre voix le maximum d'autorité. Je voudrais toujours être à même, lorsque j'ai un cheval depuis environ trois semaines, d'aller au pré, de crier « Venez, mes chéris », et de voir tous les chevaux se précipiter vers moi au galop. Lorsque je forme ou monte un cheval, il devrait, au bout de trois mois, faire tout ce que j'attends de lui, sans que j'aie à le lui demander. J'aime voir mes chevaux aller au-devant de mes désirs. Dès que j'ai montré un saut à un cheval, il devrait s'arracher du sol pour franchir l'obstacle. Lorsque vous sortez votre cheval pour chevaucher à travers la campagne, il est important que vous vous réjouissiez de ce que vous allez faire, mais il est tout aussi important que votre cheval y prenne plaisir, car, si tous les deux vous êtes heureux de ce que vous faites, la satisfaction de chacun s'ajoutera à celle de l'autre. Je déteste regarder à la télévision les cavaliers allemands, parce qu'ils aspirent à une forme de précision et de discipline qui considère le cheval comme un robot et non comme un être vivant ; le cavalier domine et exige l'obéissance.

Même pour un cheval dont on ne s'occupe que pendant les week-ends, il importe de l'éduquer, de le dresser dans une certaine mesure, car cela augmentera ses capacités et son plaisir aussi bien que le vôtre. Mais le genre d'enseignements que vous lui donnez dépend de ce que vous voulez en faire. Le dressage est très en vogue en ce moment, bien que je lui préfère de beaucoup le polo. Le dressage suppose l'exécution de tous les mouvements dans une foulée unie, où tout doit être égal et coulé, tandis que l'école du polo exige des mouvements beaucoup plus brusques et apprend au cheval à se gérer. C'est une bonne préparation pour le cross-country, le steeple-chase et la chasse, car, dans chacune de ces épreuves, vous pouvez vous trouver en situation de devoir sauter sur une mauvaise foulée, ou tourner très court ; et un cheval qui change de pied sur une seule inclinaison de votre corps et qui peut sauter et tourner en même temps, se redresser, raccourcir et allonger automatiquement sa foulée, présente un très grand avantage. Ce qui ne me convient pas en dressage, c'est que l'anticipation y est fortement découragée, alors que j'aime voir mes chevaux anticiper sur mes demandes et les exécuter avant même que je ne les aie formulées.

Mais quelle que soit l'École de votre choix, n'entrez jamais en conflit avec votre cheval pendant une séance de travail. Il doit considérer le lieu où il apprend comme un endroit où il prend du plaisir, il convient donc de ne pas l'associer à une expérience désagréable. Vous commencerez à enseigner à votre cheval les mouvements de base que vous désirez lui voir exécuter au cours d'une promenade normale : par exemple, si vous voulez apprendre à votre cheval à reculer, il faut le faire reculer avant de l'emmener sur la carrière qui devrait être l'endroit où vous peaufinez les mouvements que le cheval exécute déjà. Si vous voulez apprendre à sauter à votre cheval, la façon la plus simple de le faire, c'est au cours d'une randonnée toute simple. Vous avez devant vous trois ou quatre chevaux qui vont au petit galop et s'apprêtent à sauter un tronc d'arbre couché en travers du chemin – un petit tronc de 33 à 36 cm de haut, saut pour lequel le cheval doit s'enlever – et vous verrez qu'il n'est pas nécessaire d'apprendre au cheval à sauter, il sautera de lui-même, tout naturellement. Mieux encore, repérez une barrière sans trop d'espace sur les côtés. Neuf fois sur dix, s'il y a devant lui trois ou quatre chevaux qui galopent et qu'il s'efforce de rattraper, votre cheval, en voyant ceux-ci sauter la barrière, la sautera à son tour le plus naturellement du monde. Après cela, lorsque vous rencontrerez un petit obstacle que vous pourrez sauter, vous le franchirez d'un bond et, progressivement, vous le ferez sauter un peu plus haut à chaque fois.

Ceci nous ramène au principe de base de tout ce qu'on apprend à un cheval : s'il voit d'autres chevaux le faire avec plaisir, et s'il sent que vous-même désirez réussir et vous en réjouissez, il voudra le faire, lui aussi.

Voici un exemple classique que j'ai vécu il y a une vingtaine d'années. J'avais un jeune pur-sang alezan que je ne montais que depuis dix jours, lorsque les chiens se regroupèrent dans le voisinage. Je l'emmenai pour voir le spectacle et surtout dans l'intention d'éveiller son intérêt pour la chasse. Cela lui plut et il ne trouva pas le temps long. J'étais avec un de mes amis, Bill Manfield, et nous suivions une allée au petit galop, lorsqu'au sortir de cette allée, nous nous trouvâmes devant une barrière de 1,10 m de haut. Bill montait une excellente jument hunter, Melody, qui sauta la barrière tout naturellement et, sans me laisser le temps de réfléchir, mon cheval de trois ans la suivit. Il n'avait jamais sauté de sa vie et voilà que son premier obstacle était une barrière de 1,10 m ! On voit ce à quoi on peut arriver, à condition de prendre les choses comme elles se présentent à l'état naturel et de ne pas « faire un plat » de la moindre difficulté. Si vous traitez le jeune cheval comme s'il avait fait cela toute sa vie, il réussira. Mais si vous commencez à vous demander : « Va-t-il le faire ou non ? Peut-il, ou ne peut-il pas ? », le cheval s'arrêtera à coup sûr. Si vous êtes heureux de sauter, votre cheval sautera avec plaisir et le fera bien. Si vous n'aimez pas sauter, votre cheval n'aimera pas cela non plus, et si vous n'aimez sauter ni l'un ni l'autre, ne sautez pas. Voilà tout.

Pour terminer, lorsqu'on forme un cheval, il y a des choses à faire et des interdits à respecter.

Ayez un cheval qui corresponde à votre tempérament, mais n'en prenez pas un qui soit trop difficile pour vous. Rappelez-vous que la beauté est superficielle et ne vous laissez pas séduire par un beau toilettage. Dites-vous qu'un cheval d'apparence hirsute et mince peut toujours être amélioré, tandis qu'un cheval gras, lustré, accompli, ne peut que perdre de sa valeur.

Soyez le maître et ne vous laissez pas dominer par votre cheval. Faites ce qui vous fait plaisir et ne faites pas les choses uniquement parce que vos amis les font. Observez les signes et les sons qu'il émet, mais ne vous laissez pas emporter par votre imagination. Étayez votre attitude sur des observations saines. Dites : « Veux-tu, s'il te plaît » à un cheval, lorsque vous lui demandez quelque chose, faites-lui sentir le poids de votre détermination. Mais, avant tout, ne demandez pas à un cheval plus qu'il ne soit capable de faire. Entraînez-le régulièrement, mais n'entrez pas en conflit avec lui sur le lieu de dressage. Pensez comme un cheval mais ne le dotez pas de qualités, d'émotions ou de sentiments humains parce que – par bonheur pour lui– ce n'est pas un être humain. Observez ses volontés et ses désirs naturels, mais ne le gâtez pas. Imposez-lui une discipline sans vous transformer en garde-chiourme. Apprenez-lui à sauter naturellement mais n'abusez pas du saut : douze à quinze barrières par jour suffisent, pour la plupart des chevaux.

En tout dernier lieu, rappelez-vous qu'il est important que le cheval s'amuse, soit heureux et bien soigné, mais que vous n'y réussirez pas sans fermeté et discipline.

TABLE

Cet ouvrage a été composé en Plantin corps 11
par les Ateliers Graphiques de l'Ardoisière
à Bedous
Il a été reproduit et achevé d'imprimer
par l'Imprimerie Floch à Mayenne
le 19 juin 1997
pour le compte des éditions Zulma
32380 Cadeilhan

Dépôt légal : juin 1997
N° d'édition : 008 - N° d'impression : 41644
ISBN : 2-84304-008-6
Imprimé en France